アクティブ・ラーニングでつくる
新しい社会科授業
ニュー学習活動・全単元一覧

北 俊夫・向山行雄 著

まえがき

いま学校現場で「アクティブ・ラーニング」の用語が駆けめぐっている。一部メディアなどでも取り上げられ、関心の高さがうかがえる。

カタカナ語で示されると、どこか新鮮さを感じるのか、すぐに飛びつきたくなる。授業研究会などで「アクティブ・ラーニング」といわれると、なぜか新しさを意識し、なぜか納得してしまうこともある。私たちはカタカナ語に弱いのか。周囲に目をやると、近年教育界においてもカタカナ語が多用されている。

同じ言葉を使っているにもかかわらず、話をよくよく聞いていくと、それぞれの人がイメージとしている内容が個々に違っていることが多い。まさに言葉だけが一人歩きしているのである。

「言語活動の充実」が叫ばれたときにも痛感したことである。話す活動や書く活動などの言語活動が目的化してしまい、何のための言語活動なのかが曖昧になった授業が多くみられた。かつて算数科に習熟度別学習が取り入れられたときもそうであった。「はじめに習熟度別ありき」の印象がぬぐえない取り組みがみられた。

新しい指導方法が導入されると、そのことだけに目が奪われ、ややもすると、何のためなのかという目的や目標が手薄になったり明確にされなかったりすることがある。今回提案されたアクティブ・ラーニングに対しては、同じ轍を踏まないようにしたいと思う。

私たちの目や関心はどうしても動いているもの、目新しいものに向いてしまう。遅れまいと、常に新しいものを追い求めている人もいる。一方で、それらには無頓着で、旧態依然のままの人もいる。松尾芭蕉は「不易と流行」という言葉を残している。世の中には、変えてはならないものと変えなければならないものがあるという趣旨だ。こうしたものの見方や考え方は、日々の授業づくりにおいてもいえることだ。

学校は社会的な存在であり、社会の変化に応じて変わらなければならない部分がある。特に社会科においては、学習の対象である社会が常に動いてお

り、いつまでもこれまでと同じでよいというわけにはいかない。

こうした問題意識にもとづいてとりまとめたのが、本書『アクティブ・ラーニングでつくる新しい社会科授業——ニュー学習活動・全単元一覧』である。

本書では、I章で社会科におけるアクティブ・ラーニングの基本的な考え方を述べた。そのうえで、II〜V章では、各学年の全小単元にわたって、アクティブ・ラーニングによる新しい学習活動を紹介している。そこでは、アクティブ・ラーニングのさまざまな学習活動の類型のなかから、先行実践にも学びつつ、ぜひ取り入れたい学習活動のアイデアを選択して、その具体的な手だてや留意事項などを解説した。各学年において全単元にわたって（具体的には小単元ごとに）アクティブな学習活動のアイデアを紹介しているところに本書の特色がある。

本書は、社会科の実践家であり研究者でもある、向山行雄氏との共著である。2人の共著は2冊目。前回は『新・社会科授業研究の進め方ハンドブック』（明治図書出版）であった。向山氏はかつて授業実践に精力的に取り組み、その後もたくさんの社会科授業を観察している。本書においても、これまでに蓄積した優れた実践事例と新しい発想による授業のアイデアが至るところに紹介されている。

本書が多くの先生方に活用されることにより、社会科の授業に自信をもって取り組み、社会科の好きな子どもたちが大勢育っていくことを心から願っている。

本書は、学芸みらい社社長の青木誠一郎氏と、これまで長く学校教育や社会科教育の動向を見つめてきた同編集長の樋口雅子氏のお薦めによるものである。特に樋口氏からは、本書の企画の段階から多大なご助言をいただいた。この場を借りてお礼と感謝の意を申しあげる。

平成27年11月

北　俊夫

まえがき …………………………………………………………………… 2

I アクティブ・ラーニング型社会科とは何か

1. なぜ、社会科でアクティブ・ラーニングなのか ——————10
(1) アクティブ・ラーニングの火付け役　10
(2) 社会科授業とアクティブ・ラーニング　11

2. 社会科・アクティブ・ラーニングの類型 ————————12
(1) 授業の基本は問題解決的な学習　12
(2) 取り入れたいアクティブな学習活動　12

3. アクティブ・ラーニング実施上のポイント ——————14
(1) 何のための「アクティブ・ラーニング」なのか　14
(2) 指導時間をどう確保するか　15

4. アクティブ・ラーニング型社会科の評価の在り方 ————16
(1) アクティブ・ラーニングの自己評価　16
(2) 現行の学習評価　16
(3) アクティブ・ラーニング型社会科の評価　17

5. 社会科教育史の中の珠玉の実践・どんなものがあるか——18
(1) 今見直したい有田和正実践　18
(2) 有田和正　第3学年「市や町のしごと (小倉の町のゴミ)」　18

6. 知識基盤社会とアクティブ・ラーニング ———————— 20
(1) 知識基盤社会とは　20
(2) 知識基盤社会の特徴　20
(3) 知識基盤社会でのアクティブ・ラーニング　21

コラム「総合的学習の時間のねらい」「アクティブ・ラーニングへ」…… 22

Ⅱ アクティブ・ラーニングによる新しい学習活動 ──第3学年──

⑴ 3年社会科学習のアクティブ・ラーニング　24
⑵ 小単元「わたしたちのすむまち」　26
⑶ 小単元「わたしたちの市のようす」　30
⑷ 小単元「スーパーマーケットではたらく人」　34
⑸ 小単元「工場ではたらく人」　38
⑹ 小単元「農家ではたらく人」　42
⑺ 小単元「昔の道具しらべ」　46
⑻ 小単元「地いきにのこる古いもの」　50

コラム「アクティブ・ラーニングまでの道のり」 ……………………………… 54

Ⅲ アクティブ・ラーニングによる新しい学習活動 ──第4学年──

⑴ 4年社会科学習のアクティブ・ラーニング　56
⑵ 小単元「火事からくらしを守る」　58
⑶ 小単元「事故や事件からくらしを守る」　62
⑷ 小単元「水はどこから」　66
⑸ 小単元「ごみのしょりと利用」　70
⑹ 小単元「きょう土の発展につくした人」　74
⑺ 小単元「都道府県の名前を覚えよう」　76
⑻ 小単元「私たちの県の広がり」　78
⑼ 小単元「特色ある地いきと人々のくらし」　80
⑽ 小単元「世界とつながる私たちの県」　84

コラム「目的概念か方法概念か」 ……………………………………… 86

Ⅳ アクティブ・ラーニングによる新しい学習活動 ──第5学年──

(1) 5年社会科学習のアクティブ・ラーニング　88

(2) 小単元「日本の位置」　90

(3) 小単元「特色ある地形と人々のくらし」　94

(4) 小単元「特色ある気候と人々のくらし」　96

(5) 小単元「米作りのさかんな地域」　98

(6) 小単元「水産業のさかんな地域」　102

(7) 小単元「これからの食料生産」　104

(8) 小単元「自動車づくりにはげむ人々」　108

(9) 小単元「世界とつながる日本の工業」　112

(10) 小単元「これからの工業生産」　114

(11) 小単元「情報を伝える人々」　116

(12) 小単元「ひろがる情報ネットワーク」　120

(13) 小単元「森林を守る人々」　122

(14) 小単元「自然災害をふせぐ」　126

コラム「最大の要件は授業時数の確保」…………………………… 128

V アクティブ・ラーニングによる新しい学習活動 ──第6学年──

- (1) 6年社会科学習のアクティブ・ラーニング　130
- (2) 小単元「縄文のむらから古墳のくにへ」　132
- (3) 小単元「奈良の大仏と聖武天皇」　136
- (4) 小単元「貴族の生活」　138
- (5) 小単元「武士の世の中へ」　140
- (6) 小単元「今に伝わる室町文化」　142
- (7) 小単元「3人の武将と天下統一」　146
- (8) 小単元「江戸幕府と政治の安定」　148
- (9) 小単元「町人の文化と新しい学問」　150
- (10) 小単元「明治の国づくり」　152
- (11) 小単元「長く続いた戦争と人々のくらし」　154
- (12) 小単元「戦後の日本」　156
- (13) 小単元「政治のはたらき」　160
- (14) 小単元「政治のしくみ」　162
- (15) 小単元「日本国憲法」　164
- (16) 小単元「日本とつながりの深い国々」　166
- (17) 小単元「世界の中の日本の役割」　168

あとがき ……………………………………………………………… 170

I

アクティブ・ラーニング型社会科
とは何か

1. なぜ、社会科でアクティブ・ラーニングなのか

(1) アクティブ・ラーニングの火付け役

　教育界においてもカタカナ語が多用されている。アクティブ・ラーニングもその1つ。アクティブ・ラーニングが注目を浴びるようになったのは、平成26年11月に文部科学大臣が中央教育審議会に「初等中等教育における教育課程の基準等の在り方について」審議を要請する諮問を行ってからだ。

　初等中等教育とは、幼稚園、小学校、中学校、高等学校及び特別支援学校などのことである。また「教育課程の基準等」とは各校種の学習指導要領と幼稚園の教育要領のことを指している。すなわち、文部科学大臣は次期学習指導要領のあり方について諮問したのである。

　この諮問文は、A4でわずか5枚程度のものであるが、このなかに「アクティブ・ラーニング」の用語が4か所に登場している。しかも、この用語が次期学習指導要領の内容と深く関連していることである。

　諮問文に示された審議事項の柱のひとつに、「教育目標・内容と学習・指導方法、学習評価の在り方を一体として捉えた、新しい時代にふさわしい学習指導要領等の基本的な考え方」があげられた。これは、従来の学習指導要領において示されてきた「目標」や「内容」に加えて、「方法」や「評価」を含めて学習指導要領を構成することを示唆しているものである。

　諮問文は、今後の学校教育では「一人一人の可能性をより一層伸ばし、新しい時代を生きる上で必要な資質・能力を確実に育んでいくこと」の重要性を指摘している。これに関連して、次のような取り組みを重視する必要があるとしている。

・知識の伝達だけに偏らず、学ぶことと社会とのつながりをより意識した教育を行うこと。基礎的な知識・技能を習得し、それらを実社会や実生活のなかで活用すること

・「何を教えるか」という知識の質や量とともに「どのように学ぶか」という、学びの質や高まりを重視すること

> ・課題の発見と解決に向けて、主体的・協働的に学ぶ学習（アクティブ・ラーニング）や、その指導方法を充実させること
> ・学びの成果として「どのような力」が身に付いたのかを評価すること

　アクティブ・ラーニングがいま注目を浴びているが、その火付け役になったのは次期学習指導要領のあり方についての審議を要請した諮問文である。

　また、「自立した人間として多様な他者と協働しながら創造的に生きていくために必要な資質・能力」を育成することとの関連で、アクティブ・ラーニングという学習・指導方法が提起されていることにも注目したい。このことは、単なる指導方法にとどまらず、将来の時代を担う子どもたちを育てることと深くかかわっているのである。

　諮問を受けて、中央教育審議会の教育課程企画特別部会で審議を重ね、その内容が平成27年8月に「論点整理」としてとりまとめ公表された。そこには、「課題の発見・解決に向けた主体的・協働的な学び」であるアクティブ・ラーニングの意義について述べられている。

(2) 社会科授業とアクティブ・ラーニング

　一人前の社会人として成長させ、よりよい社会的活動ができるようにするためには、社会とはどのようなところなのかを理解させるとともに、社会人として求められる資質・能力を育む必要がある。何事にも主体的に取り組もうとする意欲や多様性を尊重し合う態度、他者と協働して取り組むチームワークやコミュニケーションの能力などは社会人として生きていくための基礎・基本である。

　社会科は、問題解決的な学習が象徴するように、歴史的にもアクティブな学習を重視してきた。社会科は「なすことによって学ぶ（Learning by doing）」ことを授業原理にしており、これまでの授業観を大きく変えるものではない。教師が知識を一方的に伝達する講義式の授業を克服し、子どもたちが自ら学習活動をつくっていく授業を創造していきたい。「聞いたことは忘れ、見たことは覚える。さらに行ったことは理解する」と言われるように、子どもが能動的に学ぶ授業こそ、社会科に求められている授業本来の姿である。

（北　俊夫）

2. 社会科・アクティブ・ラーニングの類型

(1) 授業の基本は問題解決的な学習

　社会科は戦後の児童中心主義の教育の影響もあり、ほかの教科と比べて、比較的にアクティブな学習活動が展開されてきた教科だといえる。しかし、一方で、社会科の教科書を国語科のように読み進めていく授業や教師による知識伝達型の授業が横行している現実もまだまだみられる。

　小学校においては、社会科の指導方法を取得していない若い教師や社会科に苦手意識をもっている教師にこうした傾向が強い。また、中学校や高等学校では、授業中、生徒の発言よりも教師の話のほうが多く聞かれる。知識伝達型の授業である。そうした授業を行っている多くの教師からは「受験があるから」との答えが返ってくる。

　社会科においてアクティブ・ラーニングを取り入れるとき、その基本に据えたいことは、授業の構成原理である「問題解決的な学習」を構想することだ。その過程において、アクティブな活動を組み入れることによって、全体としてアクティブなラーニング、すなわち子どもたちが主体的、協働的に学ぶ学習が展開されるようになる。

　しかも、ひとつの単元や小単元を対象にダイナミックな問題解決的な学習を展開することにより、社会認識につながるさまざまな知識が構造的に理解・認識できるようになるだけでなく、期待されているさまざまな資質が養われ、能力が育まれる。

(2) 取り入れたいアクティブな学習活動

　先に紹介した諮問文には、アクティブ・ラーニングに関連して、言語活動や探究的な学習活動、体験的な活動、ICTの活用などが示されている。「アクティブ・ラーニング」とカタカナ語で表記されると、また新しいことが始まるのかと、新鮮さと負担感を感じるが、まったく新しいことに取り組まなければならないということではないようだ。

まず、社会科授業をアクティブなものにするための前提事項を学習過程、学習活動、学習形態の側面から、そのポイントを整理した。

- ・自ら問題意識をもって取り組む問題解決的な学習を重視すること
- ・特に話す、書くなどの言語による表現活動を充実させること
- ・学級全体や小集団での学習や一人で学ぶ学習場面を組み入れること

　授業は、子どもたちと教師の言語による共同作品だ。両者の言語活動が充実している授業は優れている。また、多様な友だちと共に学ぶところに学校ならではの学習の特色やよさがある。家庭や塾での学習ではこうした経験はできない。学習集団をどのように構成するかを考えることは、アクティブ・ラーニングの質を大きく左右する問題である。

　これまでも社会科においては、問題解決的な学習のなかでさまざまな学習活動が取り入れられてきたが、そのなかでも特にアクティブなものとして、次のような活動がある。

- ・地域や社会的事象を観察・見学・調査などを行う学習活動
- ・あるテーマにもとづいて論じ合う討論や話し合い活動
- ・資料を収集したり読み取ったり、さらに作成したりする学習活動
- ・対象に直接かかわり、ふれあう体験的な学習活動
- ・製作やものづくりなどの作業的な学習活動
- ・地域に出かけたり実物を使ったりして実体験する学習活動
- ・地域の人たちや他校の友だちなどと交流する学習活動
- ・グループでの話し合いや作業など協働的な学習活動
- ・ICTを活用して情報を収集・整理・発信などを行う学習活動
- ・新聞やパンフレット、年表や地図などの作品をつくる学習活動
- ・調べたことやまとめたことを報告・説明・発表する学習活動

　このように見てくると、社会科におけるアクティブ・ラーニングの問題はけっして目新しいことではないことに気づく。これまで社会科が重視してきた学習活動を改めて見なおし、学年の発達段階や教材の特質などを踏まえて、効果的に位置づけることが一層重要になってくる。　　　　　　（北　俊夫）

3. アクティブ・ラーニング実施上のポイント

■■ (1) 何のための「アクティブ・ラーニング」なのか

　子どもたちがアクティブに学ぶ授業を展開することは、子ども任せの授業を行うことではない。ここでは、教師の役割が一層重要になることをまず確認したい。

　「アクティブ・ラーニングを」と問題提起されると、どちらかといえば「アクティブ」という用語に関心が集まっている。子どもが主体的に取り組んでいればよいといった安易な受けとめも一部に見受けられる。ここで求められているのは「アクティブ・ラーニング（主体的・協働的に学ぶ学習）」である。すなわち学習として成立しなければ意味がない。

　学習として成立するとは、アクティブな活動をとおして、「何のため」なのかという目標が実現されることである。今回の文部科学省からの提案では、アクティブ・ラーニングが「育成すべき資質・能力を確実に育むための学習・指導方法」として示されている。まずはこのことに留意したい。諮問文には、今後特に必要になる資質・能力として、主体的に取り組もうとする意欲や多様性を尊重する態度、他者と協働するためのリーダーシップやチームワーク、コミュニケーションの能力、豊かな感性や優しさ、思いやりなどの豊かな人間性などがあげられている。

　これらの資質・能力は社会科だけでなく、教科等において共通的に求められており、汎用的な意味合いをもっている。アクティブ・ラーニングによる社会科授業においては、このことを踏まえることがまず重要である。

　ただし、これだけでは十分ではない。それは社会科固有の目標や内容をしっかり身につけさせることである。社会科においてはその役割のひとつに「社会とはどのようなところなのか」を理解・認識させることがある。社会科は「内容教科だ」といわれてきたように、「何を」教えるのかを押さえる必要がある。問題解決的な学習をとおしていかなる知識を習得・獲得させるのかを明確にした授業を展開しなければならない。学習活動がアクティブなだけに、活動そのものが目的化されないようにしたい。

子どもが主体的・協働的に学ぶとは、知識伝達型の授業から脱却し、子ども一人一人が社会的事象に主体的にかかわり、社会認識を深めることにほかならない。そのうえで、社会とのよりよいかかわり方や付き合い方を身につけることが求められる。これが社会参画力の基礎を養うことだ。

指導方法を工夫改善するとき、何のためかという「目標」と、そこで何を指導するのかという「内容」をしっかり押さえておかないと、社会科の教科としての役割が十分果たせなくなる。

アクティブ・ラーニングの実践に当たって押さえておきたいことは、社会科に求められていることを「共通性と固有性」の観点から確認するとともに、授業において「目標と内容と方法の一体化」を図ることである。

(2) 指導時間をどう確保するか

社会科授業で取り上げられる内容や教材はいまのままでもパンク状態である。教師による知識伝達型の授業と比べて、子どもたちが主体的に学ぶ学習活動を組み入れると、指導時間がかかることは誰でも経験している。時間のかかるアクティブ・ラーニングを実施するとき避けて通れない課題は、授業時数をどう確保するかである。

指導時間が足りないという物理的な制約のなかで、アクティブな学習活動をどう位置づけるか。ここではそのポイントを3点提案したい。

ひとつは、年間を見とおして、多様な学習活動をバランスよく取り入れることである。その際、単元や小単元を精選・重点化する作業が必要になる。子どもが興味をもちやすい小単元、学習効果を高めやすい小単元を選択し、多少プラス・アルファした指導時間を配当する。

二つは、特別活動や総合的な学習の時間などとの関連を図ることである。特に地域での体験的な活動や、地域の人たちや他校の友だちなどとの交流活動を組み入れる場合には、これらの時間を活用して発展的な学習として位置づけることもひとつの方法である。

いまひとつは、家庭での学習習慣を確立させるために、一部を家庭学習に委ねることも考えられる。この場合、家庭の状況などを事前に把握しておきたい。

(北　俊夫)

4. アクティブ・ラーニング型社会科の評価の在り方

■ (1) アクティブ・ラーニングの自己評価

　2015年、教育調査研究所は「小中学校における『アクティブ・ラーニング』の現状と課題」という研究紀要を発行した。その中で、学校の教員に各教科や総合的な学習の時間の中での主体的・協働的に学ぶ学習指導についての自己評価をまとめている。その結果は「十分満足」の回答は小学校で4.8%、中学校5.1%、「おおむね満足」は小学校64.5%、中学校59.1%、「努力を要する」は小学校29.6%、中学校38.6%であった。

　本調査では、現状においては小学校教員の約7割はアクティブ・ラーニングを行っていると回答している。これは、「小学校の現場ではすでにアクティブ・ラーニングがある程度行われている」という巷間の支配的な意見と軌を一にする。すでに中教審の議論でも、そのような指摘はされている。

　その一方で、本調査では約3割の小学校教員と約4割の中学校教員が「努力を要する」と回答している。そこに注目する必要がある。

　2015年に産業能率大学が全国の高校教員を対象にした調査。アクティブ・ラーニング型授業を行っているかという質問に対し「ほとんど行っていない」が42.3%、「4分の1程度行っている」が41.2%と回答。「ほぼ全員が行っている」は0.9%にとどまっている。同調査では、学習指導要領に指導方法を盛り込むことについては約8割の教員が賛成しているが、アクティブ・ラーニングはまだまだという実態が明らかにされている。こうした各種実態調査から「授業改善の本丸は高校にあり」ということがわかる。小学校では「今さら騒ぐな」という意見もあり、これまでの小学校社会科の良さを生かしつつ、「不易と流行」の視点で進めることが大切である。

■ (2) 現行の学習評価

　現行の学習評価は学習指導要領の改訂に伴い、中教審での議論を経て、その内容が示された。私も検討部会のメンバーの一員として議論に参加して、

学校現場の立場に立って意見を述べてきた。そのことは、報告書の「現状と課題」にも次のように述べられている。「現在の『観点別学習状況の評価調査』と『目標に準拠した評価』は小中学校において教師に定着してきているが、負担感があるとの声がある」この意見は、全国連合小学校長会の各種調査や研究協議会、対策部会などでの協議内容から私がとらえていた評価についての現状認識である。その声が中教審の報告書に盛り込まれた。

2010年5月の指導要録改訂の通知では、学校教育法第30条第2項に明記した学力の3要素に合わせ、評価の観点を整理した。すなわち「基礎的・基本的な知識及び技能の習得」は観点の『知識・理解』において、「これらを活用して課題を解決するために必要な思考力、判断力、表現力その他の能力」は『思考・判断・表現』において、「主体的に学習に取り組む態度」は『関心・意欲・態度』において評価するものとした。

社会科では、これまで「思考・判断」と「技能・表現」という区分であったが、今回、「思考・判断・表現」にまとめた。もともと、社会科の「思考・判断」や理科の「科学的思考」について評価しにくいという声が多く、言語活動の充実という視点も踏まえて「思考・判断・表現」にしたものである。

(3) アクティブ・ラーニング型社会科の評価

アクティブ・ラーニング型社会科では、主体的・協働的な学習を重視する。主体的な学習の姿はこれまでの学習観点でも追っていくことが十分可能である。協働的な学習については、これまで指導要録の「行動の記録」の内容でとらえていた面もある。これを教科の観点としてどう見ていくか今後検討する必要がある。

学習評価の内容と方法が現場に定着するまでには長い年月を必要とする。現状においてさえ、学校の教員は全業務量の約8〜9%もの時間を評価の仕事に充てている。テマのかかる学習評価で日本の教員をこれ以上多忙化させてはいけない。

こうした経緯を踏まえると、「協働的」な学習の看取りも、ある程度、態度面で見ていく程度にして、現時点では、学習評価の内容や方法を大きく変えるほどの必要性は少ないと考える。

（向山行雄）

5. 社会科教育史の中の珠玉の実践・どんなものがあるか

(1) 今見直したい有田和正実践

アクティブ・ラーニングは、課題を発見して、主体的・協働的に追究する学習である。優れた社会科の実践では、子どもたちが主体的に取り組む姿が報告されている。社会科実践者の中で、アクティブ・ラーニングの視点から特筆されるのは有田和正である。今こそ有田実践を学び、そこからアクティブ・ラーニングのヒントを引き出したいものである。

1967年、32歳の有田和正は福岡教育大学付属小学校に着任する。赴任当初の有田は、実践の中から理論を作っていくという考えを持ち、「実践こそわが命」の信念で授業を行っていたが「理論がない」と批判された。後年、有田は「バスと教育学説は追いかけない[1]」という名言を残す。

(2) 有田和正　第3学年「市や町のしごと (小倉の町のゴミ)」

付属小学校に赴任して3年目、1970年に有田は「ゴミの学習」の実践を展開する。有田は本実践のため、準備に7か月、本格的に構想を練り始めて4か月、「背水の陣を敷いて取り組んだ」という[2]。

3学年の1学期に2300戸もあるマンモス団地を学習した際に、子どもたちはダスターシュートに注目した。ダスターシュートのごみが散乱して収集作業に手間取るので、市はダスターシュート内のごみ収集を中止した。しかし、団地住民の要望で再び収集を開始した。有田学級の子どもたちは、この事実に関心を抱いた。

そこで、24時間のごみ収集の授業を展開する。指導計画（有田の言う展開計画）は次の通りである。計画は24時間→実際の授業は29時間。

①追究問題を確かにもつ　　　　　　　　　　　　　　　　　　4時間→8時間
②ごみはどのように集められ、どんなしくみで始末されているか調べる

　　　　　　　　　　　　　　　　　　　　　　　　　　　　4時間→3時間

③いつごろから、どんなごみができ、そのごみや処理のしかたはどのように
　変わってきたか調べる　　　　　　　　　　　　　　　4時間→4時間
④ごみ収集や処理のしかたには、どのような問題があるか考える
　　　　　　　　　　　　　　　　　　　　　　　　　　3時間→3時間
⑤日本と外国のごみの違いについて調べこれからのごみ処理について考える
　　　　　　　　　　　　　　　　　　　　　　　　　　0時間→3時間
⑥年末年始のごみ処理のしかたについて考える　　　　0時間→1時間
⑦下水処理のしかたと変化について調べる　　　　　　2時間→4時間
⑧日明下水処理場は、誰がどのようにして作ったか調べる　2時間→0時間
⑨ごみ以外の市役所の仕事について調べる　　　　　　2時間→1時間
⑩町のことで、私たちの願いがどのように実現されているか調べる
　　　　　　　　　　　　　　　　　　　　　　　　　　2時間→0時間
⑪追究のしかたの反省をする　　　　　　　　　　　　1時間→2時間

　有田は、課題づくりの時間を、当初の計画から大幅に増やしている。そして、「小倉のごみはどのようにしてあつめられ、どんなしくみでしまつされているだろう」という「中心問題」を設定する。その一方で、日明下水処理場の学習や願いの実現の内容等を厳選して追究課題を絞る。

　授業が進むにつれて子どもたちは次第に追究をし始める。有田は、子どもの思考の流れをノートに記録しその分析をする。例えば、松浦謙二君の思考の流れ。「従業員は仕事が乱暴だ→自分たちにも悪いところがあるのではないか→仕事量によって仕事のしかたが違うようだ→性格によって仕事のしかたが違うようだ→仕事とノルマ（労働条件）＝役所側にも問題？」

　また小野美穂さんに焦点を当てる。小野さんは冬休み中にもごみについて追究を続け、「冬休みのごみ日記」にまとめる。そして、29時間のごみの学習を160枚の文章でまとめた。

　有田和正の青年教師時代の実践。まだまだ荒削りだが、後年の「授業名人」への道を歩む片鱗が覗われる。有田が育てたい子どもは『追究の鬼』。まさに課題に取り組むアクティブ・ラーニングで育てたい子ども像と合致する。

（向山行雄）

　　注1）『こどもの生きる社会科授業の創造』有田和正著　1982年　明治図書
　　注2）『環境教育としてのごみ学習』有田和正著　1996年　明治図書

6. 知識基盤社会とアクティブ・ラーニング

(1) 知識基盤社会とは

　2005年の中教審答申「我が国の高等教育の将来像」は、21世紀は知識基盤社会（knowledge based society）であると述べた。そこでは、「知識基盤社会」は「新しい知識・情報・技術が政治・経済・文化をはじめ、社会のあらゆる領域での活動の基盤として飛躍的に重要性を増す社会」であるとしている。「知識基盤社会」という語は訳語でもあり、学校現場ではまだこなれた言葉になっていない。「知識基盤社会」とは平たく言えば次のような社会である。

　駅前にAという新しいラーメン屋ができた。かつての社会では、その味や店の雰囲気は口コミで伝わるものだった。ある程度評価されるまでに3か月はかかった。沿線のローカル新聞に小さな記事が掲載されて、近隣の評判を得るのに6か月間かかった。そして、沿線住民の信用を得て、店として1本立ちするためには1年間を必要とした。

　知識基盤社会では、新規開店したA店の店内の写真や味、価格はその日のうちにネット上に公開される。人々のうわさも、公開された知識や情報をもとに交わされる。A店に食べにいくかどうかという行動（活動）の基盤にその知識や情報が活用される。そしてその情報が飛躍的に重要度を増す。

　私たちが生きる現代社会はそうした知識基盤社会であるという認識が、学校教育を進める上で大切である。

(2) 知識基盤社会の特徴

中教審答申では、知識基盤社会の特徴として次の4点を挙げている。
①知識には国境がなく、グローバル化が一層進む
②知識は日進月歩であり、競争と技術革新が絶え間なく生まれる
③知識の進展は旧来のパラダイムの転換を伴うことが多く、幅広い知識や柔軟な思考力に基づく判断が一層重要になる

④性別や年齢を問わず参画することが促進される

新規開店したＡラーメン店の店主は、ネット上で評判を取ろうと個性的なトッピングを考案しようとするかもしれない。あるいは、高齢化の進むニュータウン沿線という立地から、伝統的な中華そばにこだわるかもしれない。いずれにせよ個性発揮も伝統重視の戦略も、ともに競争を強いられる。

一方、ラーメン店の顧客もパラダイムの転換を伴う。Ａ店は行列ができるまでに成長した。しかし、貴重な昼休みに並んで食べるまでの価値があるか。Ａ店のラーメンは安くて量もあるが、自分の好みと少し乖離しているのではないか。「行列のできる店は名店」というこれまでのパラダイムを転換して、消費者も、さらに高度な意思決定をしなければならい。

「ラーメン店の選択」という簡易な価値判断でさえ、人々は知識基盤社会の中に身をさらされる。

■■■ (3) 知識基盤社会でのアクティブ・ラーニング

アクティブ・ラーニングでは、課題を発見しその課題について主体的・協働的に学習し課題を追究していく学習者を育てたいとしている。Ａラーメン店利用の選択だって、ともに行こうとする家族や友人と協働して主体的に判断するスキルや力が必要だ。社会科で、身に付けさせる「公民的資質」とは「みんなの中で生きていく知恵」のことである。知識基盤社会の中では必要な「公民的資質」を、アクティブ・ラーニングによって獲得しなければならない。

では、これからの時代にどのようにアクティブ・ラーニング型社会科学習を目指すのか。私は、何よりも教材研究と学習活動が大切であると考える。

現代社会にあって、子どもたちが主体的に追究する課題を教師が見つけ、活発な学習活動を展開できるか。勝負はそこにかかっている。

面白い課題、「はてな」を誘う課題でなければ、子どもたちは意欲的に追究しようとしない。アクティブ・ラーニング型社会科では、ますます教材研究や教材開発が重要なのである。

(向山行雄)

●●● コラム ●●●　　向山行雄

総合的学習の時間のねらい

　総合的学習の時間は平成10年版の学習指導要領において創設された。この時間のねらいを「自ら課題を見付け、自ら学び、自ら考え、主体的に判断し、よりよく問題を解決する資質や能力を育てること。学び方やものの考え方を身に付け、問題の解決や探究活動に主体的、創造的に取り組む態度を育て、自己の生き方を考えることができるようにする」としている。

　このねらいを整理すれば次の4点になる。

① 課題発見力や問題解決の資質や能力の育成
② 学び方やものの考え方の獲得
③ 主体的、創造的な取り組む態度の育成
④ 自己の生き方を考えることができるようにすること

アクティブ・ラーニングへ

　上記の総合的な学習の時間でねらっている資質や能力は、アクティブ・ラーニングでねらう「課題を発見し、主体的・協働的に課題を解決する学習」と共通点が多いことが読み取れる。

　平成10年版の学習指導要領は、平成8年7月の中教審答申「21世紀を展望した我が国の教育の在り方」で示した『生きる力』を踏まえている。この考え方が、現行学習指導要領でも引き継がれているので、下記の定義を再確認しておく必要がある。

○基礎・基本を確実に身に付けていること
○いかに社会が変化しようと、自ら課題を見付け、自ら学び自ら考え、主体的に判断、行動し、よりよく問題を解決する力
○自らを律しつつ、他人とともに協調し、他人を思いやる心や感動する心などの豊かな人間性
○たくましく生きるための健康や体力

　こうしたこれまでの考え方の延長線上にアクティブ・ラーニングがある。

II

アクティブ・ラーニングによる
新しい学習活動

第3学年

(1) 3年社会科学習のアクティブ・ラーニング

▶はじめての社会科学習

　はじめて社会科の学習をする子どもにとって、社会科はアクティブ・ラーニングであると実感させる授業づくりをしたい。子どもたちは、これまで生活科で身近なまちのようすについて学習してきている。その中で、学校の周辺や地域の特色ある場所（商店や施設など）を見学している。

　一方、子どもたちは2学年のなかば頃から、小学校生活にも慣れて次第に近くの店や公園、習い事の場所まで一人で出かける機会も増えている。こうした経験を経て、自宅から目的地までの風景を、ある程度とらえられるまでに成長してきている。

　しかし、それらの経験はまち中にあるポイント（点）や自宅とポイントを結ぶ道（線）の理解にしかすぎない。まち全体を見回して、その広がり（面）を理解するまでには至っていない。学習指導要領では「自分たちのすんでいる身近な地域や市（区、町、村）について調べ、地域のようすや場所によって違いがあることを考えるようにする」とある。先ずは身近な社会的事象・事物を観察して社会科の面白さを実感させたい。

▶現行学習指導要領の活動の示し方

　現行社会科学習指導要領は、3、4学年の内容6項目、5学年の内容4項目、6学年の内容3項目のすべての項目において、「○○、○○などを活用して調べ……」と表記し、学習活動の方法を明記している。

　次期学習要領の改訂に関する議論において次のような論点があった。

　「指導方法を焦点の一つとすることについては、育成すべき資質・能力を総合的に育むという意義を踏まえた積極的な取組が広がる上で重要との指摘がある一方で、指導法を一定の型にはめ、教育の質の改善のための取組が単なる手法や手練手管に終始するのではないかといった懸念も示されているところである」[1]

　アクティブ・ラーニングを取り入れた学習に改善するためには、ある程度の指導方法を示す必要がある。学習指導要領で、「例えば……」と例示

するだけでも、実際の現場の実践はその記述に即して行われるであろう。それは過去の教育実践の歴史が証明している

　このような懸念も指摘されている中で、現行社会科学習指導要領が学習活動の方法を示している意義は大きい。現行社会科学習導要領は、各学年とも「目標、内容、内容の取扱い」の3段階で構成している。その「内容」の欄に、「学習活動」を示している。つまり、すでに現行の社会科学習指導要領では社会科で学習する内容とそこに迫るための学習活動を一体化してとらえようとしているのである。

　ちなみに、学習指導要領の「能力に関する目標」では、第3学年および第4学年では、「地域における社会的事象を観察・調査するとともに、地図や各種の具体的資料を効果的に活用し、地域社会の社会的事象の特色や相互の関連などについて考える力、調べたことや考えたことを表現する力を育てるようにする」と述べ、学習方法も示している。

▶アクティブ・ラーニングの取り入れ方

　3年の社会科では、生活科の学習や既有の生活経験をもとにして、地域の中でよく出かける場所や好きな場所を紹介し合い、実際に探検する活動を取り入れる。学習指導要領では、身近な地域や市（区、町、村）について「観察、調査したり白地図にまとめたりして調べ」と示し、学習活動の方法を明記している。したがって、アクティブ・ラーニングは、「子供たちがどのように学ぶか」という視点から学習を構想することが大切である。

　そもそもアクティブ・ラーニングは、「課題の発見・解決に向けた主体的・協働的な学び（いわゆる「アクティブ・ラーニング」）という文脈の中で用いられている。[1]

　こうした内容を踏まえて、3年社会科学習では身近な素材を教材化して、子どもたちが目にしやすい社会的事物や事象を取り上げ、主体的・協働的な学びを促すようにしたい。3年社会科はアクティブ・ラーニングに近い考え方でこれまでも学習が進められている。そこを留意して、一層の充実を図ることが肝要である。

　　注1）中教審教育課程企画特別部会　論点整理のイメージ　2015年7月

(2) 小単元「わたしたちのすむまち」

① まちたんけんの学習活動
▶みんなが知っている場所

　3学年になって行動半径も広がってきた。まちのようすも、断片的にではあるが、だいぶ概観できるようになってきた。ここでは、まちたんけんによって、自分たちの住むまちのようすを理解する学習を展開する。

　まちたんけんを実施する際には、まず、実際に出かけて確かめたいという動機づけをすることが肝要である。全国約2万の小学校ではそれぞれ、学校を中心に約4キロメートルほどの学区域の広がりをもっている。これだけでも3学年の子どもにとっては大きな空間である。

　学区域の東のはずれに住む子どもと西のはずれに住む子どもでは、最大で8キロメートルほど離れていることもある。したがって、一つの小学校の学区域であっても、3学年4月頃の子どもにとっては学区域全体を視野に入れるのは困難である。

　そこで、学級全体で、自分たちの知っている場所を報告し合う。すると、駅や停留所、スーパーマーケット、大きな公園などの施設、川や坂道、丘陵地などの地形、幼稚園や保育所、学童クラブ、学習塾など自分の生活にかかわりのあった（ある）場所などが報告される。

▶知っている場所を屋上からさがそう

　学級の中で報告された場所が、学校から見てどの方角にあるのか確かめる。その際に四方位が必要になる。駅は学校から見て東の方角にある、スーパーマーケットは西の方角にある、大きな公園は南にある、北にはよくわからない大きな建物がある。

　しかし、実際に屋上にあがって、確かめようとしても都市部の学校では、高い建物が視界を遮る。小学校の校舎は通常3階建てである。それらの屋上にあがっても、せいぜい1つの方角か2つの方角しか見えない。また、屋上からでは見えない場所もある。

▶コースを決めてたんけん計画をつくる

屋上から眺めただけでは、よくわからない。そこで、実際にまちの中をたんけんする計画を立てる。

学校たんけんの1回目は4月22日㈮午前10時20分学校出発、12時10分学校着。2回目は4月26日㈫午後1時10分学校出発、午後3時学校着。1グループ4名で8班体制。1グループごとに保護者が同伴。学級担任と講師の○○先生が自転車で学区域内を巡回。

持ち物は地図、ノート、鉛筆、たんけんボード、カメラ、ハンカチ、チリ紙、（腕時計）｛携帯電話｝。小雨決行。

学校からどのコースで歩くか、グループで相談して白地図に記入する。ゆっくり歩いて決められた時間内にたんけんできるように計画する。

例えば、1、2班は、1回目は北コースから東コース。2回目は南コースから西コースへ。3、4班は、1回目は東コースから北コースへ。2回目は西コースから南コースへ。

同様にして5、6班は、1回目は南コースから西コースへ、2回目は西コースから南コースへ。7、8班は、1回目は西コースから南コースへ、2回目は南コースから西コースへ。

▶まちたんけんをする

まちたんけん当日、子どもたちに準備やトイレをさせている間に、保護者にプリントで付添いの要点を説明する。その際、子どもたちの安全確保を第一にしつつ、自主的なたんけん活動ができるように依頼する。子どもたちには事前学習で、調べること、インタビューやメモの仕方、気を付けることなどを十分周知しておく。

まちたんけんでのインタビューでは相手に失礼にならぬように、子どもたちの担当を分担しておくとよい。たとえば、インタビューの相手には交番の警察官、駅職員、コンビニなどの商店主、寺院住職、神社宮司などが考えられるがその地域の実態に合わせて想定しておく。

②「わがまち発見」の絵地図づくりの学習活動

▶既有経験を生かす

作業活動は3学年の子どもにとって、まさに体を通して学ぶアクティブ・ラーニングである。子どもたちは、これまでにも生活科で身近なまちの簡単な絵地図づくりをしてきている。学校周辺の大きな絵地図に、ランドマークとなるような場所を写真や絵、工作物などを置いて学習を進めたに違いない。

生活科の絵地図づくりは、近くの店や公園、駅や公共施設などのポイントを表示する活動であり、せいぜい目印の場所（点）と自宅のポイントを結ぶ道（線）の理解にしかすぎない。つまり、まち全体を見回して、その広がり（面）を理解するまでには至ってない。本活動では、生活科の学習や既有の生活経験をもとにして、まちたんけんで調べたことを絵地図に表す。

▶グループでの絵地図づくり

子どもたちは、すでに各方面別コースをたんけんしてきている。手元には、まちたんけんの際にメモした各コースごとの絵地図がある。せっかくのメモであるが、まちたんけん中に、ようやく書いた文字であるために内容が判読しにくい。

そこで、まずまちたんけんの際にメモした絵地図を整理する活動を設定する。ここで、子どもたちは、まちたんけんの途中で気付いたことを書き足したり、内容を取捨選択したりする。

その際に、グループ内で情報を交換したり、教師に質問したりして、調べた事柄の精度をアップさせる。　4人一組でまちたんけんに出かけたが、観察したこと、発見したことは子どもそれぞれで異なる。また、誤ってメモしたり、意味不明の内容があったりする。互いに絵地図を比べあうことで、次第に確かなものになっていく。

ようやく、各グループの絵地図ができあがった。それでも、その絵地図が正確であるかどうか、まだ検討が必要である。もしかすると、グループの子どもたち全員が勘違いをしているかもしれないし、見落としをしているかもしれない。

また、各グループによって、わかりやすく表現できた絵地図もあれば、個性的な絵地図もある。次の段階ではそれを比較検討する。

▶学級全体での絵地図づくり

各グループの絵地図ができたら、学級全体で絵地図を完成させる活動を設定する。各コースごとの大きな床地図を置いて、学級全体で話し合いをする。各方面のコースごとにさまざまな意見が出されるので、それをもとにして大きな絵地図を完成させていく。

子どもたちは、実際にまちたんけんに出かけているし、各グループで仕上げた絵地図を手元に置いているので、活発な話し合いになる。まさに、アクティブ・ラーニング型社会科学習の真骨頂である。

こうして、学級全体で完成した絵地図を、教師が提示した地図と比較する。教師が提示した地図では、主な建物が記号で表現されている。また、土地利用のようすが色分けしてある。この地図と自分たちの絵地図を比較して、地図の表し方の工夫について考える。その際、地図記号や方位などについても理解し習得できるようにする。

こうして子どもたちは絵地図づくりという作業活動を通して自分たちの住む町の特色を理解する。

▶楽しい絵地図づくり

絵地図づくりで大切なのは、まずだいたいのレイアウトを定めることである。3年生のこの段階では、まだ大きな用紙全体をレイアウトするのに難しさを感じる子どももいる。

そこで、教師がだいたいの形を示してやるとよい。東西南北、それぞれのレイアウトを定めたら、鉄道や幹線道路、河川などの線を引く。また、主なランドマークの位置を決める。こうして絵地図の骨格ができると、細部まで書き込みが可能になる。

絵地図では北の方角が紙面の上になるように留意する。しかし、子どもの中には、自分のメンタルマップで、北の方向が上にイメージできない者もいるので、教師がイメージしやすいようにアドバイスする。

(3) 小単元「わたしたちの市のようす」

① グループワークで市のようすを調べる学習活動
▶わたしたちの作った絵地図と比べて

　子どもたちは、前時までに「わたしたちのまち」のようすを概観してきた。まず、まちの上空から撮影した航空写真を見て、道路や川、公園などのようすを確かめる。そして、自分たちでつくった絵地図と比べて、同じように見える場所があることを理解する。その一方で、建物が集中していて、それぞれの建物のようすがよくわからない場所もある。

　よくわからない場所を含めて自分たちの住む市の全体のようすを調べるにはどうしたらよいかと子どもたちに投げかける。すると、自分たちのまちのたんけんの経験を踏まえて、同じように、「自分たちの市のたんけんをしよう」という意見が大勢をしめる。

　教師は、子どもたちの意見を尊重しつつも、市全体のたんけん（見学）は、多くの時間がかかることに気付かせる。そして、後日、社会科学見学としてバスで自分たちの市全体を回ることを予告しておく。

▶自分たちの住む市全体を表した地図

　ほとんどの教育委員会では、3学年用の副読本を作成している。また、4学年用の副読本を作成している自治体も多い。児童数の少ない市町村では、副読本1冊あたりの単価が高くなるが、オールカラーで地域素材をたっぷりと掲載した副読本も見かける。島根県隠岐島の副読本もその一つである。島の子どもたちが、地域の学習をするために必要な教材が見事に構成されている。

　わたしたちの市の地図は、3学年用副読本に織り込んである。その地図を見ると、自分たちの市のようすがよくわかる。

　3年生の子どもにとって、自分たちの住む市の地図を手にすることは大きな喜びである。自分の住む地域や、行ったことのある場所などを、あらためて地図で探す活動は楽しいものである。

　私事になるが、1959（昭和34）年、小学校3学年の私は、初めて自分た

ちの住む東京都品川区の地図を手にした。最寄駅の「旗の台駅」や阪急デパートのある「大井町駅」、たまに遠出をする「戸越公園」などが1枚の地図に収められている。その地図を手にした感動を今でも覚えている。

　大部分の子どもにとって、初めての「マイマップ」は嬉しいものであるが、一部の子どもは苦手に感じる。そこで、初めは子どもたちが、抵抗感なく取り組める学習を展開する。

　例えば、市全体の形が何かの動物などに似ているとか、道路や鉄道がどこを通っているかなどの話し合いをする。その学習のなかで次第に特色が見えてくる。

▶グループ活動で市のようすをとらえる

　グループ活動による学習は、長所と短所がある。長所は、少人数であるため、グループのメンバー一人一人の活躍の場がある程度保障されていてグループの考えをまとめやすいことである。その一方で、短所としては、教師の目が行き届きにくい、各グループで調べた内容を共有しにくいという側面もある。

　わたしたちの住む市のようすをグループで学習する際には、まず調べる計画を立てる。具体的には次の内容を確認しておきたい。

---

①詳しく調べる場所を決める
②調べたい場所やテーマごとにグループをつくる
③どのようにして調べるか話し合う

　調べ方については、「実際に見学する、地図や写真で見る、図書館や郷土館などで本を探す、市役所や出張所でたずねる、インターネットで調べる、市で発行する広報等を見る、詳しく知っていそうな人に聞く、その他」などの方法がある。

　その次に、グループ活動で調べたことの内容について発表し合う。その際に、発表する側はいかに相手にわかりやすく説明するか、聴く側は自分たちの調べた内容と関連付けられるかという点に留意する。

② 市のようすをICTでとらえる学習活動

▶ICTの普及

ICTの活用によって、近年、人々の地図利用の実態は大きく変わった。「ICT」とは、「Information and Communication Technology」の略で、技術の活用に焦点があてられている。

『話を聞かない男、地図の読めない女』（アラン・ピーズ、バーバラ・ピーズ共著）がミリオンセラーになったのは2000年のことである。

かつては地図を読むことを苦手とする人は、女性のほうに多いと言われていた。地図好きは男性に多かった。家族旅行では父親が地図と時刻表をにらめっこして、行程を決めていた。高速道路のサービスエリアで、無料の地図を手に取るのはほとんど男性だった。

しかし、今は様変わりしている。スマホがあれば電車の乗り換えも簡単である。地図アプリがあれば、見知らぬ土地でも道に迷わない。ドライブをしていてもナビゲータが目的地まで運んでくれる。

たった10年余で「地図の読めない女」は激減したのである。正確に言えば、「地図や時刻表が読めなくても困らない時代」になり、「地図の読めない女」であることが露呈しない時代になったのである。

これほど普及したICTを利用すれば、社会学習はアクティブ・ラーニングになる。

▶グーグルマップの活用

私たちの市のようすの学習では、ぜひグーグルマップを活用したい。グーグルマップでは、日本の国土から俯瞰して、県や市のようすまでズームアップすることができる。

教師が教授用テレビで、実際に俯瞰すれば子どもたちは興味深く学習するはずである。これを何回か行えば、子どもたちでも簡単に操作することができる。手元において私たちの市の地図をもとにして、ポイントを決めてグーグルアースで検索をする。警察署やスーパーマーケット、公園などのようすが真上からわかる。例えば、警察署の建物は周りの民家と比べて、とても大きい。スーパーマーケットでは駐車場の場所を多く確保している。

公園では、遊び場やトイレ、樹木などが点在している。

　その一方、子どもたちの住居の大きさや庭の広さなども映し出されてしまうので、その取扱いには十分配慮する必要がある。

▶インターネットの活用

　私たちの市のようすを調べるためには、市のホームページにアクセスする学習が効果的である。現在は、どのような自治体でもホームページで市の概要や活動、歴史、見どころなどを紹介している。

　自分たちの住む市の概況はさまざまな角度からアプローチできる。自分たちが、何について調べたいのか話し合い、学習課題を明確にする。その上で、市役所のホームページにアクセスする。しかし、ホームページの内容は大人向けであるため、子どもに理解しにくい内容も多い。3年生の子どもには難解な漢字や用語もある。

　したがって、教師は事前に市の人口や木・花、市の特色、市の地図や公共施設の分布など、3学年の子どもでも判読できる資料を確認しておく必要がある。

　なお、ホームページでは、関連サイトも掲載されている。図書館や公民館、児童館などにもアクセスすることが可能である。

▶タブレットの活用

　近年、タブレットを一人一人の子どもたちに配付する学校も出現している。それらの学校では先導的な実践が試行されている。

　タブレットを用いた本単元の学習では、多くの可能性を秘めている。例えば、さまざまな機関とのアクセスや家庭での学習も充実する。自分で調べてきた内容を学級で発表し話し合うという、「反転授業」も可能になる。「反転授業」では、子どもたちが調べた内容や考えたことがらについて個別に指導することができるという利点もある。これからの高度情報化社会の中では、有効な授業スタイルである。

　ただし「反転授業」では家庭の協力が不可欠である。今後、さらにタブレットの長所と短所も明らかにすることで、アクティブ・ラーニング型社会科のツールとして有効に機能するようになる。

(4) 小単元「スーパーマーケットではたらく人」

① スーパーマーケットを見学する学習活動
▶大型スーパーマーケット
　販売に関する仕事では、近所の小売店、スーパーマーケット、コンビニエンスストア、デパート、移動販売などの日常生活に必要な品物を扱うことが多い。中でも、スーパーマーケットは、子どもたちが見学できるスペースが十分にあり、販売する人のさまざまな工夫を発見しやすいことから、アクティブ・ラーニングで取り上げたい教材である。
　子どもたちに、普段どのような店に買い物に出かけるか尋ねる。子どもたちの住む地域によって、利用する店は異なるが、最も利用する機会の多いのはスーパーマーケットである。
　子どもが小学校3学年ともなると、両親が共働きになる家庭も多い。子育て中で何かと忙しく、週末にまとめて買い物をする。そのようなときに、品揃えが豊富で駐車場の完備してある大型スーパーマーケットは便利である。
▶スーパーマーケットの見学
　買い物調べをした後、実際に利用する人の多い店を見学に行く。見学に当たっては計画を立てる。
　例えば9月13日（火）の午前10時20分に学校を出発し、午後0時10分帰校。スーパーマーケットまでは、片道10分間とすると、実質80分程度の見学時間である。この時間内に見学するには、内容を絞り込んでおく必要がある。
　具体的には、店のレイアウト、品ぞろえや価格、店で働く人、買い物をする人などのようすを調べる。また、店の人や買い物客へのインタビューをする担当者や、その内容なども決めておく。
　子どもたちに、見学への期待感を高めるには、実際に見学して確かめなければならぬような疑問を抱かせることである。
　例えば、スーパーマーケットのレイアウトである。通常、防災上や買い

物客の混雑緩和の面からも、出入り口が二つある。出入り口は主として入口として使うドアと、出口として使うドアがある。

入口として使うドアのそばに置かれているのは、果物や野菜である。9月13日頃なら、季節の果物として、なしやぶどうが並ぶ。また、はしりのみかんやリンゴを置いて季節感を演出する。出口付近に置くのは、惣菜やパン、冷凍食品である。惣菜のフライやてんぷら、パンはつぶれやすいから買い物かごの上に置きたい。冷凍食品は解けやすいので、レジで会計する直前に買いたい。

また、肉や魚コーナーの売り場と接していて、品物補充や調理の注文をしやすいようになっている。スーパーマーケットは、このように消費者が利用しやすいようにレイアウトを工夫している。それを探ってくる。

見学を終えたら、スーパーマーケットの見取り図に、気付いたことをメモして作品を仕上げる。その作品を見ながら、スーパーマーケットの工夫や努力を話し合う。

▶身近な商店の見学

近くに見学できるスーパーマーケットがない地域では、商店を見学することになる。その際には、学級の子どもが見学できるスペースがあるかどうか検討する必要がある。

可能ならば、子どもたちが身近に感じる青果店や鮮魚店、肉店などを取り上げたい。あるいは、コンビニ、文房具店、書店など子どもたちが利用している店を取り上げる。

商店の見学では、商店主に多様な質問を投げかけることができる。例えば、開店した年、なぜそこに開店したか、扱う品物の移り変わり、値段の付け方、人気のある商品など、子どもたちの疑問に答えることができる。

なお、商店街の見学では、店前の道路を車が走行するので、安全に留意する必要がある。子どもを整列させる場所、教師の立つ位置なども実地踏査の時に確認しておくことが大切である。

② スーパーマーケットで働く人の願いを討論する学習活動

▶スーパーマーケットで働く人

スーパーマーケットで働く人。先ず目に入るのはレジ係である。通常は、それぞれのレジスターは一人の係員が操作しているが、忙しいときは2人の係員で対応している。レジが混雑している時は、レジ係の助けを求める合図が全店に流れる。ビートルズの「ヘルプ」をかけるスーパーマーケットもある。

他に目につく人は、商品を並べる人、惣菜を作る人、案内カウンターの人である。スーパーマーケットの見学に行くと、店内にいるこれらの人々のようすが観察できる。これらの人に加えて、仕入れの仕事をする人、駐車場で誘導する人、買い物かごを片付ける人、ごみを集める人、トイレや店の回りを掃除する人などもいる。

スーパーマーケットでは、レジコーナーなどに店長と副店長、各売り場主任の氏名と顔写真が掲示してある。また、鮮魚コーナーの冷蔵庫やトイレ壁などに「〇時に点検」のカードがある。そこには担当者のサインがある。

よく見ると、一つのスーパーマーケットでは多くの人たちが、それぞれの仕事を分担していることがわかる。

▶討論で迫るスーパーマーケットで働く人の願い

アクティブ・ラーニング型社会科では、「課題の発見・解決に向けた主体的・協働的な学び」を重視する。そこで、スーパーマーケットで働く人々がどのような願いを持って働いているか討論する。

ここでは、問題をわかりやすくするために、討論のテーマを単純化する。「店が忙しくなってうれしいのは誰か」という質問を投げかける。すると、「忙しくなるのはたくさん売れることだから、店長さんや副店長さんたちは喜ぶ」「売り場の人たちもたくさん売れてうれしい」などの意見が出されるであろう。

その次に、「では、レジ係の人は、店が忙しくなってうれしいだろうか」と投げかけをする。すると子どもたちは、さまざまな面から意見を述べる。

- レジを待つ人がたくさん並んで、とても忙しくなる
- レジを続けて打つと手が痛くなるのではないか
- お客さんが長い時間待つとレジ係の人も気になるのではないか
- 忙しくなっても給料は変わらないのだから、忙しくないほうがいい
- たくさんお客さんが来て売り上げが多くなれば、給料上がるのではないか
- 忙しいということは人気があるのだから、やりがいがある
- 忙しいくらいでないと、お店がつぶれるのではないか
- たくさん売れれば、新鮮な品物を置いておける
- うんと忙しくなったら、きっとレジ係の人を増やすのではないか
- 最新式のレジスターはお客さんが自動支払機でお金を払うから簡単

　このような意見が出され、スーパーマーケットで働く人の願いを多面的に考えることができれば、学びの質や量は充実する。

　レジ係以外にも、スーパーマーケットで働く人の立場に立って討論できる。

　例えば、お弁当コーナーで働く人の願いでは、右のような意見が出される。

- おいしいお弁当を作りたい
- 見た目にもきれいなお弁当を作りたい
- 安くて栄養のあるお弁当を作りたい
- お母さんが作ったようなお弁当にしたい
- なるべく作りたてのお弁当を食べてほしい
- 食べるまでにくさらない材料を使いたい
- 地元の野菜を使って作りたい

▶討論学習の充実

　話し合い活動は、子どもたちの言語能力を高める。コミュニケーション能力を向上させる。討論学習は、自分の意見を発表することで表現力が身に付く。相手の意見への賛成・反対を意思決定することで判断力が高まる。また、論理性も磨かれる。

　社会科の問題解決学習では、これまでにも学び合う学習（話し合う学習）を重視してきた。しかし、近年の子どもたちを取り巻く環境の変化は、討論学習のレディネスを弱々しいものにしている。家庭での会話の減少、戸外での集団遊びの弱体化などで、自分の意見を表明する機会が乏しくなった。だからこそ、小学校段階から学校教育のなかで討論学習を積極的に取り入れていく必要がある。

(5) 小単元「工場ではたらく人」

① 工場見学で「工場ではたらく人」を調べる学習活動
▶工場の見学

　3学年では、自分たちの市で作られている有名な品物を作る工場を見学する。自分たちの市の名産品は、市役所のホームページで調べる。あるいは、近くに大きな工場があれば、そこではどのような品物を生産しているのか、工場の名前や建物のようすなどから予想してみる。

　例えば、自分たちの市では、かまぼこの生産が盛んなことを確認する。工場で生産されているかまぼこを確かめて、それがどのように作られているか話し合う。

・かまぼこは、一人の人が手作りで作っているのか？
・かまぼこの形がそろっているのはどうしてだろう？
・機械で作っているのだろうか？
・かまぼこの材料はどんなものだろう？
・一日で何個ぐらいかまぼこを作るのだろう？
・工場で作ったかまぼこをどのようしてお店に運ぶのだろう？
・工場で働いている人はどのようなことに気を付けているのだろう？
・かまぼこ以外にも何か作っているのだろうか？
・かまぼこを作っている人は、男の人と女の人とどちらが多いのだろう？
・工場で働く人の服装はどうなっているだろう？
・工場ではどのような音やにおいがするだろう？

　アクティブ・ラーニング型社会科では、実際の工場見学の前に、このような課題を子どもたちからたくさん出させる。子どもが抱いた課題を解決するために工場見学をするのである。したがって、事前に十分な話し合いをしておく必要がある。

▶町工場の見学

　自分たちの市に大きな工場がない場合には町工場を見学する。しかし、

一部の地区を除いて町工場は激減した。地域に残っている町工場も一見すると会社のような建物で、何を作っているのかは工場の表札からしか読み取れない。かつての機械の音と油のにおいは建物で完全に遮断されている。今の子どもたちにとって、町工場の存在は日頃の生活からは疎遠なものになった。

　町工場で働く人の姿も見えないし何を作っているのかもわからない。今の子どもたちにとって、町工場はブラックボックスになっているのである。だからこそ、働く人のよく見える町工場を見学させたい。

　町工場を見学する際には、学級の子どもたちが見学するスペースがあるか危険な機械はないか、子どもにもわかりやすい工場であるか等、十分に下見をしておく必要がある。

▶地域のあんぱん工場を見学

　東京銀座四丁目角のあんぱんの元祖、銀座木村家の最上階にはあんぱん工場がある。3年担任の新卒N教諭が工場見学の依頼に出かけた。しかし、衛生面や工場内が狭いことから70名の子どもが見学するのは難しいという返事であった。

　そこで、私も同道して再度依頼に行き、子どもたちには給食の白衣を着せ、小グループごとに見学させることで許可を得た。

　見学の日、子どもたちはあんぱんを試食し、木村屋の人気の秘密や工場で働く人の工夫について探った。そして、工場で働く人を学校に招聘して、自分たちの疑問を質問した。銀座で温かいあんぱんを売るために、狭い工場でもあんぱんを作り続ける木村屋の努力や工夫を子どもたちは胸に刻んだ。

　アクティブ・ラーニング型社会科を進めるためには、地域の実態に合わせて、見学できる工場を探し許可を得るという、折衝力を磨くことも大切である。

　ちなみに、東京都では、教員に求める資質の一つに「折衝力」を掲げている。今後、ますます必要になる教師の資質である。

② 工場調べの発表会の学習活動

▶私たちの市にある工場

自分の住む市にどのような工場があるか。地図からだけでは読みとれない。そこで、市役所が発行している資料から主な工場を調べる。できるだけ、子どもたちに身近で、しかも調べるコースが整備されていて安全に見学できる工場を選びたい。

製造している品物も吟味する。食品、自動車部品、家電製品、文房具やおもちゃなどの工場だと、子どもたちにも製品をイメージしやすい。

だが、完全に機械化されている工場では、働いている人の姿が見えない。自動化されていて、モニター前で機械をコントロールしているだけの工場では働く人の姿をイメージしにくい。可能な限り、3学年の子どもたちにも、とらえやすい工場を取り上げたい。

▶工場を調べる学習の計画

工場を調べに行く前に、どのような製品を作っているのか学習する。例えば、自動車の部品工場を調べる。そこで、次のような事前学習をする。「その部品が、自動車のどの部分に使われているか、一日にどれくらい作るのか、注文された品物を正確に作るための工夫は何か、どのような機械を使っているのか、働く人のようすはどうか」

資料から、このような疑問について話し合い、「工場で働く人たちは、どのような工夫をして仕事をしているのだろう」という学習問題を設定する。そして、次のような内容についての工場調べの計画を立てる。

---

①工場の外観や敷地内のようす

②工場内での製品の作り方

③働いている人の服装や作業のようす

④工場内の施設など

⑤製品の送り先

⑥工場の人へのインタビュー

⑦その他

Ⅱ　アクティブ・ラーニングによる新しい学習活動──第3学年── 41

▶工場調べの実際

　工場へ着いたら、係の人の注意を守って、安全に気を付けながら調べる。

　広い工場なら、敷地内でもたくさんの自動車が出入りする。決められたコース内を歩く。

　工場内では、たくさんの機械が稼働している。機械に触れなくても、服装の一部や長い髪の先が引きずり込まれてしまう危険性がある。係の人や先生から離れぬようにして見学をする。

　工場を調べる時間も限られているので、詳細な記録を取ることはできない。そこで、簡単な言葉でメモできるようにする。また、大切な事柄をキーワードで記す。必要なら簡単なスケッチをする。

　工場を調べた後にインタビューの時間を設定する。子どもたちが見学して疑問に思うことをいくつか取り上げる。

▶工場調べから戻って

　工場調べから戻って、見学の際にメモしたことを手掛かりにしてわかったことをまとめる。また自分が見聞したことを思い出して再構成する。個人の作業を終えたらグループごとにわかったことをまとめる。この活動で、記憶が定かでない事柄を皆で確かめあい、ノートに記録する。

　さらに学級全体で、工場を調べてわかったことやもっと調べたいことを話し合う。すると、自分たちのグループでは気付かなかった事柄や、教師による追加の説明で、子どもたちは工場のようすをさらに詳しく理解する。

　こうして、工場で働く人の学習のまとめとして、「○○工場新聞」を作成する。この新聞には、「工場で働く人たちは、どのような工夫をして仕事をしているのだろう」という学習問題について、自分の考えをまとめる。また、学習を終えた感想なども述べるようにする。

　なお、「○○工場新聞」を印刷して作品集にしたり、工場の人へお礼として届けたりすれば、一層効果的である。

(6) 小単元「農家ではたらく人」

① 農家の仕事をグループワークで調べる学習活動

▶給食に出される野菜や果物

　大都会の学校では、近くに農地を見ることができないが、地方都市なら一駅ほど外へ向かえば農地が広がっている。

　しかし、農地を日頃から見ている子どもでも、実際に農家でどのような仕事が行われているのかよくわからない。農地での作業は、道行く人にとっては遠くから眺めるだけの風景であり何をしているのか不明なことも多い。

　3学年で扱う農家の仕事では、地形や気候など自然条件とのかかわり、施設・設備、働く人の仕事の進め方、農産物の販売などにみられる仕事の工夫を取り上げる。また、それらの仕事が自分たちの生活を支えていることや国内の他地域などとかかわりがあることをとらえさせる。

　近年の学校給食は地域振興をはかることもあり、地産地消を推進している。そこで、学校給食の献立表から納められる野菜や果物などの品名を書き出す。それらの産地名を調べ市の地図に記す。また、自分たちの市以外から運ばれてきた品は、地図の外側にまとめておく。

▶グループで調べる農家の仕事

　市の地図にある野菜や果物をグループごとに分担する。例えば、きゅうり、サツマイモ、トマト、こまつな、ねぎ、大根、なし、たまご、牛乳の9グループで調べる。

　教師は、学校から見学に行ける農家で、どのような作物を育てているのかをとらえておく。事例で取り上げる養鶏場や酪農家が近くに無ければ、地域で生産している他の作物に変えればよい。

　米、なす、キャベツ、はくさい、にんじん、しいたけ、山菜、ぶどう、ミカン、花、豚肉など、子どもたちに身近な農産物を生産してる農家を見つける。学級内で、訪問する農家を決めたら、保護者ボランティアとともにそれぞれの農家を訪ねる。その際に、デジタルカメラを持参して写真撮

影をするようにしたい。

　農家を訪問する際には、畑やビニールハウス内に入ることもあるので、けがやムシさされに注意する。長そで、長ズボン、帽子と手袋の着用が必要な場合もある。農家を訪ねる際には、例えば次のような事柄を調べる。

---

①どのような作物を作っているのか？

②その作物をどのように作っているのか？

③作物を作るのに努力をしていることは何か？

④おいしい作物を育てるために工夫していることは何か？

⑤どんなことに気を付けて仕事をしているか？

⑥雨や風の強い日も仕事をするのか？

⑦畑の大きさはどれくらいか？

⑧何人で仕事をするのか？

⑨農業の仕事をしていてどんな時がうれしいか？

⑩とれた作物をどこへ運ぶのか？

　農家訪問を終えて、それぞれのグループが撮影した写真をもとに見学日記をまとめる。見学日記には、これまでの学習で抱いた課題、農家の人の話を聞いてわかったこと、考えたこと、新たな疑問、感想などをまとめる。

　それをもとに学級内で発表会を行う。

　それぞれのグループが調べた内容について話し合いを進め、農家の仕事についての理解を深める。その際、「話しっ放し聞きっ放し」という「カラオケ型学習」にならぬように留意する。

　アクティブ・ラーニング型社会科では、主体的・協働的な学習を期待している。子どもが自分の課題だけで手いっぱいで、他の子どもの課題に関心を抱かない、という「カラオケ型学習」にならぬように心がけたい。

　ちなみに「カラオケ型学習」とは、発表者（歌い手）だけが盛り上がり、聞き手はシラケて聞くだけというカラオケに例えたものである。筆者が20年前に名付けた。

② 農家の仕事をICTでアプローチする学習活動

▶ 〈顔〉の見える農産物

　近年のスーパーマーケットでは入口付近に地元農家が生産した野菜コーナーを設置している店が多い。掲示板には、笑顔で直立する生産者の写真が掲示されている。近頃はやりの「顔の見える農家」の野菜販売である。消費者は、「顔の見える農家」の農産物に信頼を寄せて、多少高くても手を伸ばす。苗字を覚えていて、「○○さんのトマトがおいしい」「△△さんのねぎは甘味がちがう」とお気に入りの農家の品を購入する主婦もいる。

　時代がここまで進んだことに感慨を覚える。少し長いが、かつて私の書いた文章を紹介する。1989年発行の『子どもの力を育てる授業構成の手順』（向山行雄著　明治図書）の一説である。

　「作った人のわかる牛乳」——昭和60（1985）年夏、めずらしい牛乳を買った。1000ミリリットル入りのパックに『中野さんちの3.6牛乳』と商品名が表示されている。私は牛乳の味のちがいを判断できないが、家人はうまいという。（略）『中野さんちの3.6牛乳』のパッケージを読む。パックの側面に、次の表示がある。（略）　堂々と農林水産省の表彰状と、生産者の中野さん父子の写真が載っている。この表彰状と生産者の写真は、消費者に強いインパクトを与える。優秀賞のトロフィーを抱く父親と牛を引く息子が『さあ俺のところの牛乳を飲んでみてくれ』と消費者へ熱烈なメッセージを送っている。

　「作る人」と「使う人」を分離するのが、自給自足経済を卒業した近代社会の特色である。（略）これまで農業関連商品は、ほとんど「作る人」（生産者）と「作ったもの」（商品）の同一イメージのアッピールは無かった。商品に生産地名を明記する程度のものがせいぜいであった。自宅近くの大手スーパーでも、ごくたまに『神奈川県秦野産の庭先たまご』『平塚農協出荷の新キャベツ』と言う表示を見つけるくらいである。生産者が出荷する際のダンボール箱の表示も、消費者へ伝わることはほとんど無かったのである。しかし、生産者と消費者の間に血脈を通じさせようとする試みは、着実に歩みを始めている。そしてその傾向は、ますます強くなるものと思

われる。農業に従事する人も、『作った人の〈顔〉のわかる米や野菜を食べたい』という消費者のニーズに、気付き始めたからである。

　ただ、この現象が広まるまでには、しばらくの時間がかかるであろう。それは戦後生まれの農業の旗手たちが、それぞれの地域で、まだ『青年部』と言う組織を通じてしか活動できないからである。この人々が青年部を卒業して、農協のリーダーとして活躍する時期になれば、新しいうねりが、消費者にも押し寄せるに違いない。

　昭和60（1985）年夏、生産者の側が強い自己主張を持ち始めたことを『中野さんちの3.6牛乳』に見た。

　爾来30年、〈顔〉の見える農産物が、各地のスーパーや道の駅、農産物販売所で売られるようになってきた。

▶ICTの利用で見る農家の仕事

　〈顔〉の見える農産物を扱うためにはICTの利用が効果的である。東京名産の「小松菜」は、鷹狩りに来た徳川吉宗が農民から供された菜に感激し、小松地域の名をとり「小松菜」と名付けたという説が地元に伝わる。

　江戸川区の推奨する小松菜はキャラクターが印刷されたムラサキ色のテープで巻かれている。小松菜の味は生産する農家でも異なる。ICTを用いて、江戸時代から続くHさんの小松菜づくりのようすを録画する。一度の見学では調べられない、おいしい小松菜を作る工夫がICTでよくわかる。

　おいしい小松菜を作るために、何よりも土づくりが大切である。良質なたい肥を作り、それを撒いて肥えた土壌の畑を作り出す。地味な、下準備の仕事を丁寧に進めることが、おいしい小松菜の生産につながる。

　小松菜は種をまいてから、夏には20日で冬では3か月で収穫できる。トマトやニンジンなどは年1回の収穫だが、小松菜は1つの畑で年間5回も収穫する。それを支えるのが土づくりであることを、ICTによる提示で子どもたちにとらえさせる。ICTの良さは、子どもの追究したい課題を繰り返し調べられる点にある。ぜひ、身近な教材を開発したい。

(7) 小単元「昔の道具しらべ」

① 道具調べの体験活動
▶「百均店」のせんたく板

　昔の道具調べとして「せんたく板」を取り上げる。「百均店」で今どき珍しい「せんたく板」を売っている。小ぶりでカラフル、シリコン製の「現代せんたく板」を誰が購入するのか。意外にも若い母親が購入している。子どもがサッカーや野球の練習で着用するユニフォームや靴下の泥は相当のものである。洗濯機に放り込む前に、ちょっと下洗いをしたい。マンションのコンパクトな風呂や洗面台でも使える「現代せんたく板」は手軽な道具である。

　近年の百均店は品ぞろえも豊富で、品質も良くなった。社会科の授業をする上で教材として使えそうな物もある。買い物のついでに、百均店での教材探しをするのも面白い。

▶かつてのせんたく板

　せんたく板は18世紀にヨーロッパで発明され、明治中期に日本に伝わってきた。その後、日本の各家庭に広まった。

　1950年代までは、どの家庭にも電気せんたく機は普及していなかった。家庭の主婦は井戸端に広げた盥(たらい)にせんたく板を置いて、せんたくという家事にいそしんだ。

　私の幼いころ、白い割烹着姿の母親は、毎日毎日腰をかがめてせんたく板でごしごしとしごいていた。冬の冷たい水の中に手をさらし、チャンバラごっこで汚したシャツやズボンを洗うのは、どれほどの重労働であったかと思う。泡立ちにくい洗剤、高く掲げても大量には干せぬ「物干し竿」、しわの寄った衣類、せんたくをするための環境は今とは大きく異なっていた。

　そのころのせんたくに必要な道具は、すべて天然素材。盥もせんたく板も木製、せんたくバサミは木を針金で巻いたもの、物干し竿は竹製であった。

▶せんたく板の体験

　本単元では、「古くから残るくらしにかかわる道具、それを使っていたころのくらしのようす」を扱う。その際に、現在も残っているくらしに使われた昔の道具を取り上げる。

　ここでは、せんたく板を用いて実際に、せんたくを体験する活動を設定する。せんたく板は、天然サクラ材の本格的なものを用いる。価格は2000円程度。本格的なせんたく板でないと、昔の道具のよさはわからない。

　一部の子どもたちは、家庭で百均のせんたく板を目撃しているかもしれないが、多くの子どもたちは、せんたく板に触れるのは初めてである。

　家庭から持参したタオルやシャツを洗濯する。シャツに固形石鹸をあてて、シャツ同士を10回から20回ほどこすりあわせる。しかし、なかなかうまくいかない。

　そこでゲストティーチャーに実際に、実演してもらう。今の小学生の祖父母は団塊世代が多い。その世代では、「せんたく板」の原点は乏しい。したがって、70代くらいで、よく家事を手伝っていた人を招聘したい。

　ゲストティーチャーの助言を得て、再度、洗濯に挑戦する。ここで、せんたく板を盥につけて、水を適宜つける。せんたく板のギザギザをうまく使う。せんたく板上部のくぼみに石鹸水をためて、それをシャツへ浸みわたらせて洗うなどのコツを学ぶ。

　こうした、改めてせんたく板を観察する。長さは、盥に浸してちょうど斜めになって使いやすい寸法になっている。盥でよく水に浸る先端部はカバーがしてある。ギザギザは裏表についている。石鹸だまりがある。ひもでぶら下げる穴がある。軽くて持ちやすい。など、隅々まで工夫されている道具であることがわかる。

　「せんたく板」以外にも昔の道具には、人々の知恵と工夫がこめられている物がありそうだ。こうして、子どもたちは思考を深めていく。

② 昔の道具作品作りの学習活動
▶失われていく「昔の道具」

　私たちの身の回りから昔の道具がだんだん消えていく。昔の道具調べのための教材を見付けにくい。

　急速に古い伝統が失われようとしている中で、郷土の街並みを保全したり、古い道具を収集して展示したりする動きが現れ始めた。

　城郭や武家屋敷、著名人の旧宅復元、あるいは豪農や商家、下町長屋、街道宿場、産業遺跡や交通遺跡など、あらゆるジャンルの資料館が開設されるようになった。

　こうした動きに呼応するように、学校内に郷土資料室を開設する動きも出現し始めた。ちょうど、児童数減少による空き教室増加の追い風も手伝って、かなりの学校で郷土資料室を開設した。

　下の写真は、東京タワー近くの港区立芝小学校の郷土資料室である。普通教室1.5倍のスペースがあり、東京の下町の資料を展示してある。

　1988年の開設。町の再開発が進み、昔の道具が次第に消えていく頃に、

港区立芝小学校郷土資料室

町の歴史をとどめるために私たちが作ったものである。

▶昔の道具の作品作り

　地域の郷土資料室を訪問し、昔の暮らしのようすを調べる学習を展開する。ここでは、絵カードの作品作りをする。A判の画用紙で「道具調べカード」を印刷する。「道具調べカード」には、「道具の名前」「使われていた時期」「メモ」欄をレイアウトとする。また、中心部に絵を描けるようにする。

　例えば、七輪を調べる。七輪のひみつを探ろうという活動を進める。

・どうして、七輪の周りを金具で巻いてあるのだろう？

・七輪は何でできているのだろう？

・どうやって使うのだろう？

・小さな窓は何に使うのだろう？

・七輪に持ち手がついているのは持ち運びをするためか？

・練炭はどうして穴が開いているのだろう？

・七輪の値段はいくらくらいだろう？

・練炭に火をつけるのはどのようにするのだろう？

・練炭の火はどれくらい燃えているのだろう？

・火鉢と七輪をどう使い分けていたのだろう？

・七輪でできる炊事はどのようなものだろう？

　一つの道具でも、たくさんの秘密が隠されている。「道具調べカード」には、自分で考えた「はてな？」とその答えを書く。

　こうして集めた「道具調べカード」を道具の歴史年表にまとめる。さらに、家の人などへのインタビューでわかった昔の暮らしのようすも併せて記入して年表を完成させる。

　道具や暮らしの移り変わりを見て、人々がどのような知恵や願いを持っていたのかを考え、互いの意見を紹介する。

(8) 小単元「地いきにのこる古いもの」

① 町に伝わる古いもの調べの学習活動

▶各地に伝わる伝統行事

　全国には、名高い伝統行事もあるし地元に脈々と伝わる催事もある。わずか10名ほどの氏子が集って行う神事が、数百年の歴史を持っているという例も少なくない。

　本小単元では、「地域の人々が受け継いできた文化財や年中行事」を扱う。古くから伝わる行事を伝えるために努力している人々のようすや、祭礼や年中行事には、生活の向上と安定への人々の願いがこめられていることを取り上げる。

　まず、地域にある祭りなどの行事、お囃子などの民俗芸能を調べる。古くからの行事に詳しそうな人を探す。町会長や保存会会長、神社の宮司や崇敬会長、寺の住職、町の古老など地域の歴史に詳しそうな人を招いて、インタビューをする。また、郷土の歴史の本や資料などをもとにして、古い建物や文化財をたずねる。

　とかく、地域の伝統行事や建物の解説は、3学年の子どもにとっては難解な用語が多く理解しにくい。古老たちは、子どもたちにわかってもらおうと丁寧に説明しようとする。しかし、かえってそのために話が難しくなってしまう。

　そこで事前に連絡をとり、何を話して頂くかを決めておくとよい。あるいは、子どもが手紙を書き、具体的な質問事項を告げる。さらに、教師がインタビューしたものを編集して、3学年の子どもにわかりやすい内容を選択して提示する方法も考えられる。

▶地域への調査・見学

　実際に調査に出かける際には、デジタルカメラを持参する。神社や史跡の案内板の文章は、3学年の子どもたちには難しい。そこで、デジタルカメラで案内板を撮影し、帰校してから辞書などを使って読み取る。それでも難しい内容は教師が助言する。

町の中の神社に出かける。事前に子どもたちに神社について知りたいことを尋ねる。

- ・神社はいつごろ建てられたのだろう？
- ・誰をまつってあるのだろう？
- ・神社には、どうして鳥居があるのだろう？
- ・建物の前に立っている『こまいぬ』とはなんだろう？
- ・神社では、どうして『2拝2拍手1拝』をするのだろう？
- ・神社の『神楽殿』はいつ使うのだろう？
- ・神社に人がたくさん来るのはいつだろう？
- ・隣にあるお寺と比べて、どのような違いがあるのだろう？
- ・神社の結婚式やお宮参りなどはどれくらいの回数あるのだろう？
- ・神社はいつでも、人が入れるようになっているのはどうしてだろう？

▶地域に伝わる伝統行事

　町の人から、地域に伝わる伝統行事にはどのようなものがあるか、また、それぞれの行事にはどのような意味があるのかを取材する。

　こうして、町に伝わる伝統行事を「行事カレンダー」にまとめる。例えば、地域にある神社では次のような年中行事があった。

　1月「初もうで」、2月「節分、初午」、3月「ひな祭り」、4月「花見」、5月「端午節句」、6月「祭礼」、8月「お盆」、9月「防災訓練、お月見」、10月「菊花祭」、11月「七五三」、12月「大掃除」。

　「初もうで」の時は、大みそかの夜から地域の人がたき火をして甘酒を振る舞ってくれる。また、交通整理やパトロールをしている。「行事カレンダー」を見て、地域の人々がどのような願いで、年中行事を伝えてきているかを考える。そして、地域の人々の願いを共感的に受け止められるように配慮したい。

② 地域に残る古いもの調べ発表会の学習活動

▶協働的な学習とは

アクティブ・ラーニング型社会科では協働学習を重視する。3学年の子どもは、ギャングエイジと言われるほど群れをつくって行動したがる。学校を出てグループで町を歩いて古いものを調べる。これは、協力的な学習である。また、級友同士が共同して、一つの課題に取り組む学習である。

その点では、グループによる古いもの調べは、十分にアクティブな学習である。これを、さらに協働的な学習へと高めるためにどのような工夫をしたらよいのであろうか。

先ず大切なのは、一人一人の子どもたちの中に課題意識が芽生えていることである。いくらグループ行動であるからといって、グループ内に付和雷同的な行動をとる子どもがいてはいけない。一人一人が明確な課題をもつことで、目的をもって古いもの調べをすることが肝要である。

次に大切なのは、自分なりの方法で目的に向けてアプローチすることである。教師側から見れば、一人一人の子どもの個性的な問いを大切にして、その対象への迫り方を、多様に認めてやることである。

さらに、アプローチしてとらえた子ども一人一人の気付き（事実の発見）を、授業で取り上げてやることである。

こうして、一人一人の子どもの課題設定→観察・調査→事実の発見のプロセスを大切にすることで、強い〈個〉を基礎とした協働的な学習が成立する。

▶協働的な古いもの調べ

学級内で古いもの調べをさせるとき、冒頭で教師が提示する資料がカギを握る。そこで扱う教材は子どもにとって身近であり親近感のあるものでなければならない。

例えば、近くの神社の祭礼のビデオを見せる。すると、隊列の中にはさまざまな衣装を身にまとった人がいる。よく見ると、警察官のあとに、先頭を昔の装束を身にまとっている人、その次にゆかたを着た高齢者の人たち、みこしの半纏を着た人たち、後からついていく荷物を運ぶ人などが続

く。

　ある子どもが気付く。「あの浴衣姿のお年寄りたちは、毎週金曜日に神社を掃除している人たちだ」「神社を掃除している人たちがどうして先頭を歩いているのだろう」という疑問を抱く。

　また、ある子どもは、「神輿を担ぐ半纏に『○○町会』と大きく書いてあるのはどうしてだろう」「自分たちの街を歩くのに、わざわざ大きく文字が入っているのは何か訳でもあるのだろうか」という疑問「はてな（？）」を抱いた。

▶祭りを伝える人たち

　こうした疑問を抱いて、古いもの調べに出かける。まずは、神社で掃除をしている人たちに尋ねる。

○どうして毎週、神社の掃除をしているのですか？

○いつごろから、掃除を始めたのですか？

○何名くらいで掃除をしているのですか？

○掃除なのにどうして男の人ばかりなのですか？

○白い上っ張りを着ているのはどうしてですか？

○掃除以外にも、神社で何かすることがあるのですか？

○神社の塀の石にいろいろな人の氏名が彫ってあるのはどうしてですか？

○お祭りのときに、どうして神輿より前を歩いていたのですか？

○お祭りのときは、どんなことをするのですか？

　さまざまな疑問を投げかけて、自分の疑問を解決する。他の人が投げかけた質問の答えも、よく聞き取る。

　こうして学級の一人一人の子どもたちが調べてきたことを作品に仕上げて、学習発表会を行う。自分一人では調べきれなかった古いものが、学級全体の協働的な調べ学習によって、より多面的に理解できるようになる。

　アクティブ・ラーニング型社会科ではこのような課題解決と協働的な学習を重視する。

（向山行雄）

●●● コラム ●●● 　向山行雄

アクティブ・ラーニングまでの道のり

　各学校がアクティブ・ラーニングを実践するまでの準備を周到にしておきたい。そのためには、今後、新教育課程に向けて想定される国の動き教育委員会の対応に注目する必要がある。

　例えば、次のような準備が考えられる。

平成27年度　○学校評価「現行教育課程の成果と課題の分析」○次期教育課程編成　○校長会から学習指導要領の要望　○教育課程の変遷等学習　○新教育課程準備日程の作成

平成28年度　○中教審答申の読解　○特別な教科「道徳」の研究　○通知表の一部改訂？　○「生きる力」「知識基盤社会」「総合学習」などの意味や背景を再確認　○学習指導要領解説書購入　校内研修で読解

平成29年度　○保護者・地域への説明　○校内組織の改編　○一部内容移行課程実施　○3年4年外国語活動の完全実施　○アクティブ・ラーニング学習の試行　○「アクティブ・ラーニング」資料読解、各種研修会参加、先進校視察

平成30年度　○教育課程移行措置1年目　○教科書検定　○通知表改訂委員発足　○アクティブ・ラーニングの校内研修本格化　○各種副読本作成委員会発足　○新教育課程関連の予算要求　平成31年度予算及び32年度予算

平成31年度　○教育課程移行措置2年目　○教科書採択　○学校の指導計画作成　○次年度使用新教育課程教材・教具の購入や整備　○保護者、新1年保護者に新教育課程の説明

平成32年度　○小学校新教育課程全面実施　○新教科書、副読本、補助教材など学習　○通知表全面改訂　○指導要録改訂　○新教育課程についての評価

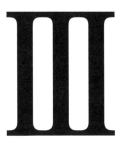

アクティブ・ラーニングによる
新しい学習活動

——第4学年——

(1) 4年社会科学習のアクティブ・ラーニング

▶**4年で取り上げられる教材の特質**

　4年の学習は、3年の身近な地域を対象にした学習に引き続いて、地域社会を対象に展開される。そこでは、地域の飲料水の確保や廃棄物の処理、地域社会における災害や事故の防止について取り上げられる。また、地域の発展に尽くした先人の働きや苦心を取り上げる歴史的な内容も扱われる。

　これらの教材や事例は、いずれも子どもたちの住んでいる身近な地域や市（区、町、村）の範囲から選定される。そのために、3年と同様に、子どもたちが実際に地域に出かけて直接に観察、見学したり調査したりする学習活動が可能である。学習活動が比較的アクティブに展開される。

　ところが、これらの単元においては、周辺の市町村が登場するなど、より広域的な地域が学習の範囲になることがある。例えば、飲料水の確保や廃棄物の処理などは、周囲の市町村との協力体制がとられている。アクティブな学習活動とともに、地図やグラフなどの資料を併せて活用するなどして、子どもたちの視野を徐々に広げていく配慮が求められる。

　4年も最終単元になると、自分たちの住んでいる県（都、道、府）が学習の対象になる。ここでは、県全体に目を向け、地形や産業の概要などが取り上げられる。直接観察して調べることが困難になる。地図などの資料を活用する学習活動が主体になる。

　そのため、副読本や地図などを活用した学習活動になりがちである。子どもたちが少しでも能動的に学ぶような工夫が求められる。

▶**高学年につなげる重要な時期**

　4年に進級してきた子どもたちは、特に1学期のあいだは3年の意識が残っていることが多い。まだまだ事物や物事を具体的、実感的にとらえたり考えたりする時期である。言葉だけの抽象的な学習では効果が期待できない。1学期のあいだはできるだけ実物や現実に触れる場を設け、楽しい社会科授業を展開するように留意したい。

　4年の学習は、身近な地域にとどまらず、市（区、町、村）全体へ、さ

らに県（都、道、府）に広がっていく。そして5年になると、わが国の国土の自然のようすをはじめ、わが国の食料生産や工業生産などが取り上げられ、学習の対象が「わが国（日本全体）」になる。そのために、実際に観察したり見学したりすることは限られてくる。そこでは、写真や地図や統計など各種の資料を活用した学習が主流にならざるをえない。

　5年になると、社会科嫌いの子どもが増えるというデータがあるが、その原因のひとつがここにある。4年では、5年の社会科学習の特性を見とおして、観察、見学、調査などの学習活動とともに、各種の資料を効果的に活用する学習活動を組み入れることが、社会を理解・認識させるために必要であるだけでなく、高学年の社会科にスムーズにつなげるためにも重要である。

▶アクティブ・ラーニングの取り入れ方

　問題解決的な学習においてアクティブな学習活動を取り入れるときに、留意したいことは次の3点である。

・問題解決的な学習過程のどこに組み入れるかによって、そのアクティブな学習活動の趣旨やねらいが変わってくる。例えば学習問題をつくる場面であれば、子どもたちから問題意識を引き出すことがねらいになる。まとめる場面では、これまでの学習をふり返り、整理したり確認したりすることに意味がある。

・学習活動において、人とのかかわりを意識させることによって、学習効果を高めることができる。工夫や努力、苦心のようすを具体的に聞き取ることをとおして、その人への共感的理解を深めることができる。

・取り入れられる学習活動はさまざまなあるなかのひとつの事例でありサンプルである。アクティブな学習活動をとおして学びとったことをどう一般化していくかがポイントである。「体験したり調べたりしたことから言えることはどのようなことか」などと問いかけ、事例やサンプルをとおして何を学ぶことができたのかを確認したい。このことは事例そのものの学習で終わらせず、他の事例などにも応用・転移できる知識や見方の習得をねらっているものである。

(2) 小単元「火事からくらしを守る」

① 防火服を着用する体験活動
▶防火服の重さを体験する
　多くの授業では、消防署や出張所の見学が行われている。そこでは、消防士が出動するときのようすについて話題になることがある。
　119番の電話を受けてから、消防自動車が消防署を出動するまで、わずか1分程度の速さである。消防士は、火事現場への出動時、防火服の上着とズボンを着る。それに靴をはいて手袋をすると、これで約9.5キログラムになる。これに約10キログラムの空気呼吸器（ボンベ）を背負い、さらに無線機や照明器具などを携帯すると、約20キログラムにもなるという。
　火事の現場では、重さが5キログラムもあるホースを抱えて消火活動にあたっている。
　消防署などで消防士からこうした話を聞くだけでも十分である。さらに、防火服を実際に見たり、着ている実際の姿を見たりすると、子どもたちの関心や理解は高まっていく。
　消防署によっては、消防士が火事現場に着ていく服を着る体験をすることができ、子どもたちに防火服の重さを実感させることができる。子どもによっては、着ながらよろけることもある。実際に着用するという体験をすることによって、防火服の重さを身をもって実感する。着はじめてから着おわるまでにどれくらいの時間がかかったか、時計で計ってみてもよい。消防士と比べると、そのスピードの違いが一目瞭然である。
▶重さの実感だけに終わらせない
　子どもたちにとって、防火服を実際に着てみるという体験は楽しいものである。と同時に、防火服の重さを実感させることができる。しかし、ただそれだけで終わらせないことが大切である。
　ここでは、着用する体験をとおして、消防士の工夫や努力に関して、次のようなことに気づかせたい。

> ・防火服に着替えることを短時間に行い、火事の現場に向かっていること
> ・そのために、日頃からの訓練が欠かせないこと。いつでも出動できる体制をとっていること
> ・火事の現場では、全体で20キログラムの防火服を着て、消火にあたっていること
> ・防火服には、布の材質や色遣いなど身を守るためのさまざまな工夫がみられること

　ややもすると、子どもたちは体験したことに対してのみ関心を高め、記憶にも残りがちである。防火服の重さを実感するだけに終わらせず、働いている人たちの働きにも目を向けるようにしたい。

▶消防署で働く人たちの服にもさまざまなものがある

　消防士の服には、仕事の内容によって、次のようなさまざまな服が用意され、それぞれ色も定められている。

> ・火を消す役割の人は、日常的には活動服を着ている。火災で出動するときや訓練のときには、そのうえに防火服を着る
> ・防火服は、高温でも燃えにくく、熱を通しにくい素材でつくられている。光を反射させるバンドがついているので、暗いところでも存在が確認できるようになっている
> ・消防署には、事故や災害のときに人を助ける救助隊がある。この人たちが活動するときの専用の服がある
> ・熱い炎から身を守るときには、耐熱服を着る。これは燃えにくく、熱を通しにくい素材でつくられている。危険物火災などのときに着用する
> ・このほかに、建物の防火査察や事務作業などを行っている人が着る服がある

　消防署を見学したときには、働いている人によって、着ている服に違いがあることに気づかせるのも面白い。消防士の服に着目するだけでも、さまざまな学習に発展させていくことができる。

② 消防施設マップづくりの学習活動

▶防災教育としても効果的な活動

　子どもたちは日ごろ地域に住んでいるにもかかわらず、地域にどのような消防施設がどこにあるのかを意外にも知らない。意識して見ないと見えないので、一般に関心は薄い。

　消防施設の調査活動に当たっては、いかに問題意識をもたせるかである。できるだけ子どもたちが意欲をもって取り組むようにするためには、なぜ調べるのか。何のために調査するのか。目的意識をしっかりもたせたい。

　例えば、火事現場の写真やDVD教材などを活用して、火事のおそろしさを実感させる。そのうえで、火事から人々の財産や命を守るために、地域にはどのような工夫がなされているのかを考えさせる。

　また、まず学校の校舎や校地にどのような消防施設があるのかを調べさせる。学校の見取り図にさまざまな消防施設を整理する。そのうえで、「学校と同じように、地域にもさまざまな消防施設があるのだろうか」と問いかけると、子どもたちは地域に目を向け、問題意識が持続していく。

　地域の消防施設を調べ、それらを地図に表す学習活動は、社会科として価値があるだけでなく、子どもたちに防災教育の観点から地域理解を深め、防災意識を高めるためにも効果的である。

▶消防施設マップづくりの進め方

　子どもたちに地域に出かけて、どこにどのような消防施設があるのかを探させるまえに、次のような事前の指導を行う。

・消防施設には、どのようなものがあるのかを確認する。例えば、消火栓、防火水槽、火災報知機、消火器、学校のプールなど、火事が発生したときに使用する施設がある。施設ではないが、川や池などにも目をつけるようにする。また、火事から地域の人々を守るための施設がある。例えば、消防団の倉庫、学校や公園などの避難場所やその看板、消防署や出張所などである。

・学区域を対象に、グループごとに調査する地域を分担する。学区域が広い場合には、そのうちの一部の地域でもよい。

- ・消防施設の印を統一して決め、白地図に記録するように促す。
- ・調査活動の当日は、交通事故に十分注意するよう喚起しておきたい。保護者に協力を求める方法もある。

　調査後には、作成した地図を持ち寄って、一枚の地図に合体させると、地域の消防施設マップが完成する。ここでは、調査したことを地図に表すときの基礎的な技能やルールなども指導したい。

▶「消防施設マップ」を見て話し合う

　消防施設マップを完成させて終わりではなく、完成したマップを見ながら、例えば次のような話し合いをさせたい。

T　（グループごとに調べた地図を合体させ）完成したマップを見て、どのようなことに気がつきますか。
C　消火栓が思っていたより、あちこちにたくさん置かれていました。
C　地域にはいろいろな施設がたくさん置かれていることがわかりました。
C　火事のときに避難できる場所は学校だけでした。
C　学校のプールや地域を流れている川が、地域の防火に役立っていることを知りました。
T　地域にはどうしていろんな施設が置かれていると思いますか。
C　火事が起きたときにできるだけ早く消せるようにするためです。
C　火事が起きたときのために備えられていることがわかりました。

　社会科の授業で大切なことは、楽しく学習活動に取り組み、その成果を地図などの表現物にまとめることだけではない。そうした活動をとおして、社会的事象（ここではいろんな消火施設が置かれていること）の意味を理解させ、社会とはどのようなところなのか（ここでは社会には人々が安全に暮らせるように、そのための仕組みや備えがあること）を認識させることである。

　授業者にはこうした学びの場をつくることが求められている。社会科においては「活動あって学びなし」と言われないようにしたい。

(3) 小単元「事故や事件からくらしを守る」

① 「安全なまちづくり」を討論する学習活動
▶地域の安全を守っているのは誰か

　地域の安全を守っているのは、このことを主要な仕事にしている警察官である。警察官は交通事故を防ぐためにさまざまな予防的な活動をしているだけでなく、万一交通事故が発生したときには、関係機関と連携しながら機動的、組織的に処理している。また、まちの見回りや道案内、盗難の防止など地域住民の生活に密着した仕事にも携わっている。ここでは「公助」の観点から、地域の人々の安全を守る工夫をしていることをとらえさせることができる。

　なお、子どもたちの多くは、警察官の仕事は交通事故を防ぐこと、事故が起こったときに処理することと、狭くとらえていることが多い。実際には、さまざまな事件にも対処しており、地域の安全を確保しているという観点から警察官の仕事を理解させたい。

　地域の安全確保に貢献しているのは警察官だけではない。「地域の安全を守るために、警察官のほかに、誰がどのような活動をしているのか」を学習問題に、問題解決的な学習に取り組ませたい。

　地域によって多少の違いはあるが、ほぼ共通して、町内会、防犯協会、学校のPTA、市（区）役所や町（村）役場の係、そしてボランティアの方や商店などの住民が、それぞれの立場で協力し合い、地域の安全を守る活動を行っている。子どもたちには、これらのなかからひとつ又は複数を選択させて、それぞれの団体等の活動内容や悩み、課題などを調べさせる。これは「自分たちの地域の安全は自分たちで守る」という「共助」の観点から学ばせることである。

　身近な人たちが地域の安全のために協力していることがわかるようになると、自分たちが安全に生活できている意味や背景を考えるようになる。この結果、「自分にできることはないか」「何かあるのではないか」と、自分の生活のあり方を見なおし、よりよい地域づくりにかかわろうとする意

識が芽生えてくる。4年の段階では、あくまでも意識が芽生えることで十分である。実際に行動することを求めることは期待が高すぎる。

▶調査結果を一覧にまとめる

調べたことは、次のような枠組みで一覧表にまとめさせる。このことにより、調査結果を共有することができる。学習問題は「……、警察官のほかに、誰がどのような活動をしているのか」であり、事前に警察官の活動内容などは調べている。学習をふり返りながら書き入れても、あらかじめ書いておいてもよい。

このあと、ほかの団体などの活動について調べさせ、わかったことを書き入れていく。その結果、調べていない人や団体等がどのような活動をしているのかについても広く知ることができる。

学習問題「安全なまちを守るために、だれが何をしているか」					
	警察官	町内会	防犯協会	PTA	ほかの住民
活動の内容	・交通事故の防止 ・見回り ・道案内 ・盗難の防止				
なやみなど	・交通事故を減らしたい ・協力しない人がいること				

▶テーマにもとづいて討論する

討論会では、まず作成した一覧表を活用して「安全なまちを守るために、誰が何をしているか」について、調べたことを報告する。

次に、それぞれの団体等の立場に立って、「安全なまちにするには、どうしたらよいか」をテーマに意見の交流を行う。その際、悩みや課題を出しながら、よりよい改善策を考え、発表させるようにする。

②「安全マップづくり」の学習活動

▶これまでの学習をいかす

これまで「事故や事件からくらしを守る」工夫を調べ、地域には人々の安全な暮らしを守るための人々の働きや社会の仕組みがあることについて学習している。本学習活動は、これらのあとに位置づくものである。これまでの学習では、次のような事項について学んでいる。

- ・警察官の仕事（交通事故が起こったときや日常的に行っている仕事のようすなど）
- ・地域の人々が地域の子どもの安全を守るために行っている活動
- ・安全な町づくりの取り組みなど

これまでは、特に警察官や地域の住民など「人」に焦点を当て、どのような活動をしているのかを具体的に調べている。

地域の「安全マップづくり」の学習活動は、こうした学習を踏まえて行うものである。ここでは、安全の観点から身近な地域に目を向け、地域の安全について考えさせることをねらいにしている。そのきっかけとして、地域の「安全マップ」を作成する。

▶安全マップづくりの手順

実際に調べるまえに、次のことについて話し合う。

---

① 事故や事件が起こりやすいところはどのようなところかを考えさせる
- ・交通事故の多いところ（狭い道路や車の多いところ、道路の角など）
- ・信号機のない交差点
- ・夜になると暗くなるところや人通りが少なくなるところ
- ・木が茂みになっていて、昼でも薄暗いところ
- ・川や池の近く。日ごろ水が少なくても、雨が降ると危ないところ
- ・がけになっているところなど
② 地域の安全なところはどのようなところかを考えさせる
- ・道路が広いところ
- ・交番があるところ。おまわりさんがいてくれるから

> ・子ども110番の看板がある家や店
> ・多くの人が歩いているところ
> ・夜でも明るいところなど
> ③　区域を決めて、グループごとに分担する。近くの人にインタビューしてもよいことを伝えておく。調べてわかったことは忘れないように、写真を撮ったりメモしたりしておくよう助言する

　調べたあと、わかったことを白地図にまとめる。白地図は模造紙大に表すなどできるだけ大きいほうがよい。どこが、どのようなようすなのか。なぜそこが危ないのか、あるいは安全なのか。写真を貼ったり絵を描いたり、さらに文字を書き込んだりしてわかりやすくする。

▶全校に発表する場を設ける

　まとめた地図をもとに、調べたことを発表する場を設ける。できれば、全校の子どもたちに伝える機会をつくるようにしたい。

　例えば、多くの子どもたちが通る校舎の玄関に掲示して、みんなに見てもらう。各教室を回ってその学年の子どもたちに合った内容と方法を工夫して説明する。全校での児童集会を利用して、みんなに伝える。こうした発表の機会を設けることによって、全校の児童が地域の安全に関心をもち、事故や事件から身を守ろうとする意識を高めることができる。

　4年の子どもたちが、他の学年の子どもたちに自分たちの学習成果を説明する機会はめったにない。そこでは、低学年の子どもから質問を受け、補足することも求められ、学級での学習では体験できない貴重な機会になる。

　また、発表する子どもたちは、発表することをとおして、学習成果がより確かなものになる。同時に、これまで調べまとめたことが多くの子どもたちの役に立ったことに喜びを感じ、これまでの学習に対して成就感や達成感を改めて感じるようになる。

　発表することはそれだけでアクティブな活動である。そうした機会をつくることによって表現力を育み、何よりも自信をつけることができる。

(4) 小単元「水はどこから」

① 「水の旅の紙芝居づくり」の学習活動
▶紙芝居の場面を決める

　小単元「水はどこから」の学習成果をまとめる時間の学習活動である。これまで調べたことをもとに主な場面を抽出し、それぞれの場面に絵と説明文を書いて、紙芝居として完成させるものである。

　紙芝居の作成に当たってはまず場面を決定する。子どもたちと一緒に考えたいが、教師としては次のような10程度の場面を想定しておきたい。

```
・山に降る雨
・水源林の森
・川の源流
・ダムとダム湖
・川から水の取り入れ口
・浄水場
・配水池
・家庭などの蛇口
```

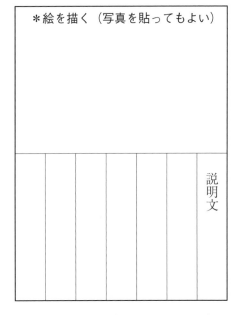

「水の循環」を考えさせるために、次の場面を付け加える。

```
・下水処理場
・川や海への排出口
```

　使った水がどのように始末されているかについては扱っていないかもしれないが、その場合には、教師のほうから提案し、必要な資料などを提示する。さらに、紙芝居として完成させるには、「表紙」と「まとめ（終）」が必要になる。全部で12場面になる。

　学級の児童数が36人の場合、1つのグループを6人で構成すると、各グループが2つの場面を製作することになる。適切な作業内容であろう。1

枚の画用紙の大きさを工夫することによって、作業時間を調整することもできる。A4又はB5程度が適当である。グループでの作業をとおしてチームワーク力も養われる。

▶各場面の説明文を書く

　グループでの分担にもとづいて、絵とその説明文を書く。上段の絵の部分は、作業時間を軽減させるために、写真を貼る方法もある。いずれにするか子どもに判断させたい。

　説明文を書く際には、書く観点を明確にしておく。本小単元の学習問題は「私たちの生活に必要な飲み水は、どこでどのようにつくられ、家や学校などで送られてくるのだろうか」である。これまでの学習を振り返り、それぞれの場面で飲料水を確保するために、どのような工夫がみられたかを中心に書かせるようにする。こうした活動が表現力育成の機会になるだけでなく、これまでの学習内容の理解状況も評価できる。

　各自の作業が終わったら、グループ内で読み合わせるなどして、話の筋が通っているか。描いた絵に不足や誤りはないかなど点検する。最後に、紙芝居のタイトルを考えさせ、「表紙」を完成させる。また、各自の感想や訴えたいことなどを出し合い、「まとめ」の場面の絵と文章を考えさせる。

　完成したところで、発表会を実施する。「評価カード」を配付して、よかったところなど相互に評価し合い、学び合う機会をつくる。

▶水の循環をまとめる

　紙芝居の発表会が終わったら、それを模造紙に貼る。まず「表紙」と「まとめ」を除いた場面（カード）を時計回りに並べ、順に糊で貼っていく。ここで、「下水処理場」と「川や海への排出口」の写真を配付する。

　カードとカードを矢印でつないでいくと、水は循環していることに気づかせることができる。

　本小単元の主要な目標は、飲料水を確保する事業は地域の人々の健康な生活や良好な生活環境の維持と向上に役立っていることを考えさせることにある。上記のようなまとめさせ方を組み入れることによって、環境教育の観点から、水をとおして「循環」という概念を学ばせることができる。

② 「節水」をテーマに意見発表する学習活動

▶資源としての「水」に気づかせる

　毎日の生活に必要な飲料水がどのように確保されているのかを理解させたあとの学習活動である。

　水は貴重な資源であり、有限なものである。わが国においては「湯水のように使う」という慣用句があるように、惜しげもなく、むやみに費やすことの形容に「水」が充てられている。

　水はそのときの気象条件と深くかかわっている。雨や雪が少ないと、渇水のおそれがあり、人々の生活や農作業などに大きな影響を及ぼす。逆に雨が降りすぎると洪水や土砂くずれなどの災害をもたらし、貴重な財産や生命が奪われることもある。世界に目を転じると、安全な飲み水が十分確保できず、痛ましい病気や飢餓が多発している地域もある。多くの生命が奪われている。

　本小単元の終末には、水が資源であることの意味や水のありがたさを実感させ、自らのライフスタイルを見なおす機会にしたい。

　なお、ここでは「意見発表」という学習活動を想定しているが、同じテーマで「討論会」を実施してもよい。

▶テーマは2段階で設定

　ここでは、2つのテーマから構成する。まずは、これまでの社会科授業で子どもたちに投げかけてきた問い（テーマ）である。

> T　水を大切にするために、自分たちはこれまでどのようなことをしてきましたか。また、これからさらにどのようなことに取り組みたいですか

　ここには2つの問いがある。前者の問いに対しては、近年各家庭に節水意識が浸透していることもあり、次のような答えが返ってくるだろう。

> ・水道の蛇口をこまめに閉めるようにする
> ・歯を磨くときには、蛇口を閉める
> ・お風呂の残り湯を洗濯や庭の水やりなどに使う

> ・車はバケツにくんだ水で洗う。水を出しっ放しにしない
> ・蛇口に節水ゴマをつけている

　次に後者の問いについてである。上記したことに取り組んでいない場合には、それらがヒントになる。子どもらしい発想によるユニークな意見の表明を期待したい。家庭のプライバシーに配慮する必要があることはいうまでもない。

　いずれも、学習成果を自らのライフスタイルの見なおしや改善にどのようにつなげようとしているかがポイントである。

　ここでの視点は家庭生活の改善である。ここで留まっていては家庭科の授業と変わらない。社会科として節水の問題を考えさせるには身近な社会生活にも目を向けさせる必要がある。すなわち、次のように問いかける。これが2段階目の問いである。

> Ｔ　水を大切にする「節水型の社会」をつくるにはどうしたらよいでしょうか

　社会においては、下水を処理したあと、中水としてトイレや電車の洗車などに再利用する取り組みがすでに始まっている。雨水を一旦溜めて、ビルのトイレなどに使われている。こうした事例も紹介しながら、子どもらしい「節水型の社会」の姿を考えさせ、意見表明させたい。

▶国語科との関連を図って意見文を

　国語科では、物語や報告、説明などの文章を書く経験を積んでいる。国語科で身につけた文章の構成などの技術を生かして、意見文をまとめさせるようにする。

　文章を書かせるときには、その分量が問題になる。4年生の発達段階を考慮しつつ、少しずつ長文で書かせるようにしたい。長文で書くためには、自分の考えをしっかりもち、筋道を立てた構成を論理的に考えなければならない。ここでは、言語による表現力はもとより、理解力や思考力が養われる。

(5) 小単元「ごみのしょりと利用」

① ジグソー方式で調べる学習活動
▶グループのつくり方

　本小単元では、分別されたごみのうち、「資源ごみ」として出されたものがどこでどのように処理されているのかを調べる場面で、ジグソー方式の学習活動を取り入れる。(なお、単に「資源」としている自治体もあるが、ここでは「資源ごみ」と表記する。)

　資源ごみとして、空きビン、空き缶(アルミ缶とスチール缶があり、両方を取り上げても、いずれか一方でもよい)、ペットボトル、それに新聞や雑誌などの古紙の4つを取り上げる。

　まず、これらの資源ごみの現物を示す。そして、「これらは資源ごみといわれているものです。どのように生まれ変わるのでしょうか」と問いかけ、それぞれがどこに運ばれ、どのように再利用されているのかを調べるようにする。簡単に予想させてからでもよい。

　1人が4つとも調べることは、時間的にも困難であることを知らせ、グループごとに分担して調べるようにする。通常であれば、生活班ごとに調べることを分担するが、ここではジグソー方式を取り入れる。

　調べるグループは次のような手順で編成する。

---

① 生活班のなかでどの資源ごみを調べるかを分担する。この場合、班の人数は4人がベストであるが、同じものを2人で分担させてもよい
② 同じ資源ごみを調べる人たちで、新しいグループを構成する。ここでは協働的に調べることから、人数は4人程度がよい。多い場合には2つのグループに分割する。調べたことは、その後元のグループに戻って報告することを伝えておく

　このあと、新しいグループで調べる活動を開始する。ここでは、選択した資源ごみがどこに運ばれているか。そこでどのように処理されているか。何に生まれ変わったかに絞って調べるようにする。処理のされ方について

はあまり深入りしないようにする。そして、調べてわかったことをまとめ、元のグループに戻って報告できるように準備する。

　子どもたちのグループ構成は、下記のようになる。教室内に掲示しておくと、友だちの役割が相互に理解できる。

生活班	空きビン	空き缶	ペットボトル	古紙
1	A	B	C	D
2	E	F	G	H
3	I	J	K	L
4	M	N	O	P

＊アルファベットは児童名を表す。

▶「調べる・まとめる・報告する」を関連づける

　子どもたちは新しいグループで、資料に当たって調べる活動を行い、わかったことをまとめる活動を展開する。さらに、調べたことを元のグループで発表しなければならないことから、報告の仕方についても準備する。ここでは「調べる・まとめる・報告する」各学習活動を関連づけ、一体的に展開されるところに特色がある。

　さらに、一人一人の子どもは、新しいグループに各生活班を代表して参加している。新しいグループでは人間関係を大切にしながら、協力し合って調べなければならない。協調性やチームワーク力が育まれる。また元のグループに戻って報告するという責務を背負っており、責任感が養われる。

　ジグソー方式で調べる学習活動は、複数の教材が並列的であるときや、すべてを調べさせるには子どもの負担が大きいときなどに効果的である。学習活動をとおして、さまざまな資質・能力が養われるところも魅力的である。

　なお、負担を過重に感じる子どもがいる場合には、グループ内での役割を軽減したり、ペアを組んで作業させたりするなど、特段の配慮が必要である。

②「ごみ問題」の解決策を話し合う学習活動

▶地域が抱えている「ごみ問題」の調査活動

　家々から出されるごみは、かつて空き地で燃やしたり、土に埋めたりしていた。川などに捨てることもあった。住民の数が少なく、都市化が進んでいなかったときには、それでもよかった。しかし、人口の増加に伴って、ごみの量が増えてくると、まちは不衛生な状況になっていった。伝染病が発生することもあった。また、水に溶けないごみや燃やすと悪いガスが出るごみなども出され、ごみの質も大きく変わってきた。

　そのため、各家庭でごみを処理することには限界があり、市や町など行政が廃棄物の処理事業を行うようになった。市や町では周囲の市などとも協力して、ごみの処理を計画的に進めてきた。近年では、ごみの分別が当たり前になり、ごみのリサイクルに対する関心も一段と高まってきた。

　これまでのごみ処理に対する対策や事業は、常に発生する問題に対して、問題解決の連続であったといってもよい。こうした問題はまだ完全に解決されておらず、新しい問題にも遭遇している。

　ここでは、こうした地域が抱えているごみに関する問題を調査させ、その解決策を子どもなりに考えさせようとするものである。子どもたちからは次のような「ごみ問題」が出されることが想定される。ここには、ルールを守れば解決する容易な問題から、子どもでは解決策を考えるのが困難なものまでさまざまである。

・ごみを出す曜日や時間を守らない人がいる
・ごみを正しく分別しないで出す人がいる
・ごみを空き地や山のなかに違法に投棄する人がいる

　これらはいずれもごみを出す当事者の問題である。しかし、一方で、次のような行政の立場で考えなければならない問題もある。

・乾電池や使用済みの食料油など捨てるのに困るものがある
・ごみを処理するためには、多額のお金（税金）が使われる

Ⅲ　アクティブ・ラーニングによる新しい学習活動──第4学年──　73

> ・新しい清掃工場や埋め立て地をつくる場所がない
> ・清掃工場をつくることに、周辺住民が反対することがある

▶「ごみ問題」の解決策を話し合う

　このあと、「ごみ問題」の解決策を話し合わせる。それには次の2つの方法がある。1つは、さまざまに出されたごみ問題のなかから1つを選び出し、みんなで解決策を考えることである。「ごみを出す曜日や時間を守らない人がいる」ことを選択した場合、どうしてこのような人がいるのか。まず問題の所在を明らかにしてから、どうしたらよいか。解決策を考えさせる。テーマ（問題）が身近で具体的であると、解決策を考えやすい。

　いま1つは、子どもに1つ又は2つを選択させ、その解決策を考えさせる方法である。子どもの関心がやや拡散しがちであるが、ごみ問題を多面的に考えさせることができる。

　いずれにしても、身近な住民や市（町、村）がこの問題をどうとらえているのか。どのような解決策をとっているのか（あるいはとろうとしているのか）をまず調べさせたい。そのうえで「わたしのアイデア」を出し合い、話し合う活動を展開させたい。

▶地域の人に訴える方法を考え実行する

　「ごみ問題」は、話し合うだけでは根本的な解決にならない。当事者に直接伝えたり訴えたりすることによって、問題解決につながる。ここでは、まず問題解決に当たって対象となる「人」を明確にする。

　例えば個人を対象にする場合、次のような方法を考えさせたい。

> ・ごみを出すときのルールや注意事項を書いて、地域を回覧させる
> ・ポスターを描いて、ごみ集積所に掲示する

　また、問題によっては市役所や町役場の担当者、清掃工場の人たちに「提案する」というかたちになる。この場合、直接伺うこともできるし、手紙やメールで伝えることもできる。ビデオレターという方法もある。

　これらは子どもたちが社会にかかわり、社会参画している姿である。

(6) 小単元「きょう土の発展につくした人」

模擬体験と実験を取り入れた学習活動
▶模擬体験で実感させる

　「きょう土の発展につくした人」の学習では、地域の用水の開発が多く取り上げられている。水を引くという事業は当時の人々の切実な願いであり、米を作るという仕事や生活に直結していた。いまのように便利な機械のない時代である。農業用水などの開発工事には、鍬やつるはし、槌、もっこなどの道具が使われた。すべてが手作業であった。

　こうした教材をとおして先人の働きや苦心をとらえさせるためには、当時の道具を使って、模擬体験させてみるとよい。

　いかに困難な事業であったかを実体験させることはできないが、道具を実際に持たせるだけでもよい。道具は見た目以上に重い。つるはしは持ち上げるだけでかなりの重さである。持たせてみるだけでも、当時の工事のようすを想像させることができる。

　校庭の隅などで実際に使ってみると、作業の「大変さ」をより実感させることができる。つるはしを降り下ろしても、思うように土を上手に掘り返すことはできない。危険を伴う作業である。そうした作業が何キロメートルにもわたって行われたという事実を伝える。例えば江戸時代につくられた玉川上水は約42キロメートルの長さがあり、熊本県の通潤橋では約6キロメートルも先の笹原川の上流から水を引いてきた。こうした数字を示すと、子どもたちは当時の人たちの苦心の大きさを増幅させる。

　道具に直接触れたり、道具を使って模擬体験することにより、観察するだけではわからなかったことを実感させることができる。

▶実験で確かめる

　用水はその多くが、水を遠く離れたところから引いてくる。水には高いところから低いところに流れるという性質があり、このことは子どもでも知っている。そのために、水の高さを保つように、長い距離のところを少しずつ傾斜をつけて水を流す工夫をした。

一旦高いところから低いところに流れた水は、高いところに戻ることはないが、先人は水を下から上に上げる原理を知っていた。それが逆サイフォンの原理である。サイフォンの原理とは、管が水面の上にあっても、入口と出口の水位の差で水が自然に流れる現象のこと。金魚の水槽に水を入れたり抜いたりするときなどに使われる。

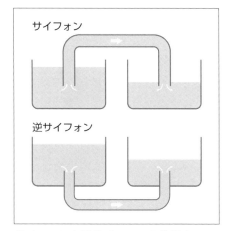

サイフォンと逆サイフォンの仕組み（イメージ）

この逆が、逆サイフォンで、伏せ越しともいわれる。これは、入口から入った水が出口で吹き上がるように出ていく現象である。通潤橋などではこの原理が使われている。谷を越えて水を流さなければならないとき、逆サイフォンの原理が生かされている。

こうした工夫を子どもたちに理解させるとき、図を使って説明することもできるが、実際に実験してみるほうがよい。二つの水槽かバケツ、それにホースがあればできる。上に位置している水槽の水面と、ホースの先の位置との差が大きいほど、水は高く吹き上がる。

▶想像をふくらませるきっかけにする

本小単元は地域の歴史的事象を取り上げた学習である。それらを身近に観察することができるとしても、当時の状況そのままではない。現代社会のなかに置かれている。子どもたちにとっては実感がもちにくい。

こうした教材を取り上げたとき、実体験することは不可能であり、あくまでも模擬体験するか実験してみるしかない。実際とは大きく異なっている。このことを子どもたちにまず確認させたい。

そのうえで、模擬体験したり実験したりして感じたことや気づいたことをもとに当時の人たちや状況に思いをはせ、思う存分に想像力を発揮させたい。ここに歴史的な事象を学ぶ楽しさがある。

(7) 小単元「都道府県の名前を覚えよう」

「都道府県かるた」をつくる学習活動
▶なぜ「かるたづくり」なのか

　自分の住んでいる県（都、道、府）のようすについて学習するまえに、わが国の都道府県の構成について理解させておくとよい。わが国は47都道府県から構成されているが、それぞれの名称とその位置を総合的に扱うのはここがはじめてである。

　47都道府県の名称と場所を身につけるためには、日ごろの学習のなかで名称が登場したときに折にふれて確認させることもできるが、集中的に覚えさせる方法もある。ただ丸暗記させるのではなく、楽しみながら自然に覚えさせる方法に「かるたづくり」がある。

　かるたをつくる過程では県の名前がたびたび出てくる。かるたには、絵ふだと文字ふだがあり、絵を描いたり文章を考えたりするためには、その県についての知識が必要である。県について調べる必要も出てくる。かるたづくりをとおして、その都道府県が印象づけられ、記憶に残っていく。

　完成したかるたを使って遊ぶ活動を展開する。実際に遊びながら、各県の絵や文章の内容が再確認される。

　このように、「かるたづくり」は知識をアクティブに身につけることができる、効果的な作業であると考える。

▶「都道府県かるた」のつくり方

　「都道府県かるた」のつくり方はおおむね次のとおりである。

---

① 47都道府県を分担する。1人が1つの都道府県の絵ふだと文字ふだの両方をつくる。学級全体で1セットをつくることもできるが、あとで遊ぶことを考えて、グループごとにつくるほうがよい。その場合には、1人当たりの作成する枚数が多くなる

② 分担された都道府県について、どのような特色があるか、百科事典などで調べる。産物、自然、歴史、人物などに目をつけるとよい。グルー

プのなかで偏らないようにする

③ 都道府県に合った言葉を考える。次にそれに合う絵を考える

（例）山形県（西の方角向いている　山形県）

熊本県（白い噴煙をあげる　阿蘇の山）

東京都（世界遺産　小笠原は東京都）など

④ 絵ふだと文字ふだを作成する。絵ふだには色をきれいに塗る。手ですれても消えたり色が付いたりしないようなペンを用意する。絵ふだには、文字ふだの最初の1文字を丸で囲って大きく書く

⑤ オプションとして、文字ふだの裏側に、その県の名称（4年で習っていない漢字もあるが、できるだけ漢字で正しく書くようにする。その場合、ルビを打つ）、県庁所在地、県の花や木、郷土料理、名所や旧跡などのなかから、特徴的なことを書くようにする

▶ 「都道府県かるた」で遊ぶ

完成したら、グループで遊ぶ。次のようなルールを決めておく。

- ・文字ふだを読みおわってから、絵ふだを取る
- ・絵ふだを取った人は、周囲の人にわかるようにその県の名前を言い、日本地図でその県の位置を確認する
- ・文字ふだを読んだ人は、裏側に書いてあることを読み上げてもよい
- ・絵ふだをたくさん取った人が勝ち

グループごとに作成した場合には、各グループが作成したかるたを交換して楽しむこともできる。また、「都道府県かるた」は、社会科の時間にかぎらず、雨の日の遊びとしても活用することができる。

かるたで遊んだあとには、日本の白地図に「47都道府県の名前」を書き入れる作業を行うが、どれくらい定着しているかを確認することもできる。なお、かるたをつくる前に同様な作業をしておくと、「かるたづくり」の効用を確かめることができる。

(8) 小単元「私たちの県の広がり」

立体地図をつくる学習活動
▶立体地図づくりの効用

これまで自分たちの住んでいる身近な市（区、町、村）を中心に学習してきた子どもたちにとって、「県（都、道、府）」に視野を広げて学習を進めていくことにはかなりの距離感と抵抗感がある。

本小単元の学習では、県全体の形や広がりをとらえさせ、地形のようすなどを概観させることが指導される。一般には県の平面地図を活用して指導されているが、少しでも立体的にとらえることができるように、またこれから展開される「県（都、道、府）のようす」を身近に感じることができるようにするため、子どもによる県の「立体地図づくり」を取り入れたい。

立体地図をつくることにはさまざまな効用がある。平面地図を見ることと比べて、また完成された立体地図を提示される場合と比べて、地図を見ながら実際に製作するという体験を取り入れることによって、県の形や広がりについて、そのイメージが徐々に形成されていく。製作する過程では、例えば「ここで生活している人たちはどのような暮らしをしているのだろうか」など想像力もふくらんでいく。

そして、地図を立体的につくり上げていくことにより、土地の高いところや低いところ、主な川が流れているところや海に面しているところなど、県全体の地形のようすを概観することができる。

▶立体地図づくりの方法

「立体地図づくり」の方法は、ねらいをどう設定するかによって違ってくる。県の広がりをとらえ、地形のようすの概要を理解させるだけの場合には、砂場を利用したり、粘土で作成したりする方法がある。粘土は大量に必要になることから、紙粘土を使うと経済的である。

ここでは、紙粘土を使った場合の立体地図づくりの手順を述べる。グループで協働して作業する場合には、完成させる地図の大きさはA3程度がよい。あまり大きいと、紙粘土の量と作業の時間がかかり、小さいと作業

がしづらくなる。

---

① 紙粘土で、県の形をつくる。ここでは厚みを特に気にしなくてよい。作業を通して、形について「おたまじゃくしみたいだね（福井県）」「人の横顔と似ているよ（山形県）」などのつぶやきが聞こえてくるとよい

② 土地の高いところにはさらに紙粘土を重ね、土地の低いところは紙粘土の厚さを調節しながら、立体感を出していく。これによって、地形から見た県の特色が見えてくる。「県の西のほうは土地が高いところが広がっています。東のほうは土地が平らで低くなっているね（埼玉県）」などと、全体の傾向性がつかめるようにしたい

③ 土地が高いところには焦茶色、少し高いところには茶色、土地の低いところには緑または黄緑……といったように、色の約束をして色を塗る。色は乾いてから塗るようにする

④ 主な川や湖などを書き込む。主な山や川や湖、都市の名前を書いたカードを直接張りつける。カードを付けた爪楊枝を地図に指してもよい

⑤ 完成したら、よく乾かす。カビが生えないように注意する

　立体地図に鉄道や道路など主な交通網や川や湖などをより正確に書き入れる場合には、主な海抜ごとに作成した厚めの用紙を用意する。発砲スチロールで作成すると、大がかりな立体地図になる。

▶紙粘土のつくり方

---

① 新聞紙を1cmの幅で裂く。さらに千切りながら細かくする。ハサミやカッターなどを使わず、手で引き裂くことがポイント

② 細かく切り裂いた新聞紙をバケツに入れ、新聞のかさの4分の1ぐらいまでぬるま湯を注ぐ。1時間ぐらい浸しておくとよい。次に、ハンバーグをつくるような感じで、繰り返しかき混ぜる

③ バケツの水を切り、新聞紙を絞る。ストッキングや穴を開けたごみ袋などに入れて絞ってもよい。しっかり絞ることがポイント

④ 新聞紙をバケツに戻し、洗濯糊（洗濯用の澱粉糊など）を少しずつ入れながら、よくこね合わせる。これで完成

(9) 小単元「特色ある地いきと人々のくらし」

① ホームページにアクセスして情報を収集する学習活動
▶何を調べるのかを明確に

　ここでは、県（都、道、府）内の特色ある地域として「東京都小笠原村」を取り上げる。小笠原諸島は2011年に世界自然遺産に登録された。都心から約1000キロメートルも離れており、船で25時間30分もかかる。自然環境を地域の資源として保護・活用している地域である。

　小笠原村の人たちは自然環境とどのようにかかわって生活しているかを調べるには、小笠原村や観光協会、ツアー会社などのホームページ（以下、HPと表記する）にアクセスすると、情報を収集することができる。教師が資料を収集して提供することもできるが、4年の最終時期でもあり、アクセス先を教えるなどしてできるだけ子どもたちに収集活動させたい。

　その際、小笠原諸島の自然がいかに豊かであるかを具体的な生き物や自然のようすを示して、事前に理解させておく。

　そのうえで、次のような事項をHPで調べるようにする。

・豊かな自然を守るために、小笠原村や村の人々はどのような対策や保護活動を行っているか（自然環境を守る工夫）
・豊かな自然を生かして、例えば観光客を呼ぶなど、村をどのように活性化しようとしているか（自然環境を生かす工夫）

　こうした事項は、このあと自然環境の「保護か活用か」で討論活動を行うときに貴重な資料となる。

▶「保護か活用か」で討論活動を

　島の人たちの生活を豊かにするためには、豊かな自然環境を観光資源として活用し、多くの観光客を呼ぶことによって経済効果が期待される。この場合、環境が脅かされる心配がある。一方、農地が少なく工場もない島においては働く場所がきわめて少ない。観光客を相手にした仕事が主な収入源になっている。そのため多くの観光客に来てほしいとも願っている。

保護すべきか、活用すべきか、ジレンマである。

　小笠原村のHPにアクセスすると、下記のような「小笠原カントリーコード」が紹介されている。

「自然と共生するための10カ条」
1　貴重な小笠原を後世に引き継ぐ
2　ごみは絶対に捨てずに、すべて持ち帰る
3　歩道をはずれて歩かない
4　動植物は採らない、持ち込まない、持ち帰らない
5　動植物に気配りしながらウォッチングを楽しむ
6　サンゴ礁等の特殊地形を壊さない
7　来島記念などの落書きをしない
8　全島キャンプ禁止となっているので、キャンプしない
9　移動は、できるだけ自分のエネルギーを使う
10　水は大切にし、トイレなどの公共施設はきれいに使う

　なお、ごみのポイ捨てやペットの糞の置き去りは、小笠原村環境保全条例違反になる。

　南島は、全島が天然記念物にも指定されている。南島へのツアーを実施している観光会社では、1日当たりの最大利用者数は100人まで。島での最大滞在時間は2時間まで。1人のガイドが担当する利用者数は最大15人までと制限している。年間3か月間の入島禁止期間（現在は11月上旬から2月上旬まで、年末年始を除く）を設定するなど、自らが厳しいルールを定めている。これらの内容も、ツアーを実施している会社のHPに公表されている。

　これらの情報をもとに、「保護か活用か」をテーマに討論活動を行う。おそらく結論は出ないだろう。討論のあと、小笠原の現状を踏まえて、「これからの小笠原村のあるべき方向」をテーマに自分の考えをまとめる。

　まとめた内容は、小笠原村や観光協会、ツアーを実施している観光会社などにメールなどで伝えることも考えられる。

② 地域の人にインタビューする学習活動

▶問題意識を高める事前の指導

　県（都、道、府）内の特色ある地域として「伝統的な工業などの地場産業の盛んな地域」が取り上げられる。具体的には、焼き物や陶磁器、和紙、塗り物、織物などのなかから、身近なものが取り上げられている。以下、製品を特定しないで論述していく。

　多くの実践では、実物にも触れさせながら、「○○○をどのようにつくっているのだろうか」という学習問題で実践されている。ところが、製品をつくる工程調べの学習で終わっており、これでは工業学習とほとんど変わらない。

　ここでは、それがどうしてこの地域で盛んになったのかという歴史的な視点も取り入れながら、どのように町づくりに生かされているのか。あるいは生かそうとしているのかという視点を重視したい。このことによって、その「地域」を強く意識し、地域に対する理解を深めていく。

　また、これまでの実践を散見すると、工場を実際に見学して、つくられているようすを観察したり、仕事に携わっている人から話を聞いたりする活動が取り入れられている。学校に来ていただいて、話を聞くこともある。これらの活動は大切なことであるが、そこでの子どもたちを観察していると、子どもたちの姿勢が主体的でないことが多い。地域の人から話を聞く受け身の活動から、地域の人にインタビューする能動的な活動に切り替える必要がある。

　そのためには、事前に次の事項について調べさせておきたい。

・製品をつくるおよその工程（原材料から製品に完成するまで）
・地域における工場の分布状況（どこにどれくらいの工場があるのか）
・簡単な歴史（いつごろからつくられるようになったのか。なぜつくられるようになったのか）など

　概要を調べると、だいたいのイメージが形成されるだけでなく、新たな疑問が生まれてくる。不明なことやさらに調べたいことが明らかになって

Ⅲ　アクティブ・ラーニングによる新しい学習活動──第4学年──　　83

くると、工場見学やインタビューの必要性が出てくる。このような事前の
指導によって、工場見学への意欲を一段と高めていきたい。

▶インタビューの台本を作成する

　子どもたちのなかに高まった意欲をどう維持し、問題意識をどう実現さ
せていくか。それは子どもたちに目的意識をもたせることである。

　工場では、工場の人からいきなり話を聞くのではなく、これまで学習で
調べてわかったことなども紹介しながら、あらかじめ用意した質問をする。
教室に招いた場合でも同じである。

　目的意識をもたせるために、工場見学に先立って、どこを見てくるのか
を整理した「見学台本」と、何について聞いてくるのかを明確にした「イ
ンタビュー台本」を作成する。一人一人が作成したものをもとに、学級と
して整理しておくと、質問が重複したり、質問の順序を工夫したりするこ
とができる。

　下記は「インタビュー台本」の一例である。各項目ごとにメモをするス
ペースを開けておくとよい。

1　この地域でこの製品づくりが始まったのはどうしてですか
2　おじさんの生きがいは何ですか
3　いまもっとも悩んでいることはどのようなことですか
4　この仕事は地域の発展にどのように貢献していますか
5　私たちに言いたいことはどのようなことですか

▶PR文を添えて、お礼の手紙を書く

　学校に戻ったら、見学したことや聞いてきたことを整理し、これからの
あり方について議論する。市民に伝える「PR文」を考えさせてもよい。

　昔からこの地域に根づいている産業をどうしたらこれからも持続的に引
き継がれていくか。子どもらしい発想を期待したい。

　最後に、自分の考えを工場の人への「お礼の手紙」というかたちでまと
めさせる。相手を意識した表現力育成の機会にもなる。お礼には、PR用
のキャッチ・コピーや広報のポスターを添えてもよい。

⑽ 小単元「世界とつながる私たちの県」

姉妹都市を調べて世界地図に表す学習活動
▶県や市町村のホームページにアクセス

　県のようすの学習で外国とのかかわりを調べるには、「姉妹都市」がよき教材になる。いまや多くの自治体が外国の都市と姉妹都市関係を結び、人や物の交流活動を活発に展開しているからだ。

　自分たちの住んでいる県は外国のどこの都市と姉妹都市関係になっているのか。県内の市町村の姉妹都市はどこか。このことは、県や市町村のホームページ（以下、HPと表記する）にアクセスし、いずれも「姉妹都市」で検索すると、比較的容易にわかる。なお、自治体によっては「友好提携都市」などと名称を工夫しているところもある。

　例えば筆者が住んでいる埼玉県やさいたま市が結んでいる姉妹都市は、現在次のとおりである。

・埼玉県の姉妹都市（メキシコのメキシコ州、中国の山西省、オーストラリアのクイーンズランド州、アメリカのオハイオ州、ドイツのブランデンブルグ州）
・さいたま市の姉妹都市（メキシコのメキシコ州トルーカ市、中国の河南省鄭州市、ニュージーランドのハミルトン市、アメリカのバージニア州リッチモンド市及びペンシルベニア州ピッツバーグ市、カナダのブリティッシュ・コロンビア州ナナイモ市）

　埼玉県は5州省と、埼玉県内の市や町は46都市（15か国）と姉妹関係を結んでいる。

　子どもたちが分担し合って、県内のすべての市町村の姉妹都市を調べてみると、県全体が世界と結びついていることがわかってくる。

　姉妹関係は都市だけではなく、兵庫県の姫路城とフランスのシャンティイ城が姉妹城に、明石海峡大橋とデンマークのグレートベルト・イースト橋が姉妹橋になっている。このように建造物による姉妹関係もある。

Ⅲ　アクティブ・ラーニングによる新しい学習活動──第4学年── 85

姉妹関係になっているのには、それなりの理由がある。そこには、環境や歴史などに共通性があることが多い。姉妹関係になったのはいつごろか。なぜ姉妹関係になったのかなど調べさせることもできる。

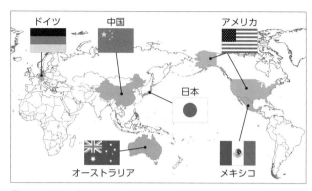

私たちの県と姉妹都市の関係にある世界の国々（埼玉県の例）

▶世界地図にまとめる

　調べたことは世界地図にまとめさせる。その際、県や市町村の姉妹都市を1枚の世界地図にまとめていくと、重複する都市もあり煩雑になる。また、4年の子どもにとって、都市の位置を正確に確認することは難しい。その都市のある国や地域を色で塗るとわかりやすくなる。

　ここでは、わが国や外国の国旗についても扱うようになっており、上記の地図にそれぞれの国の国旗を位置づけることもできる。

▶人や物のつながりを調べる

　自分たちの住んでいる県や市町村と世界とのつながりを具体的に理解するためには、どこの都市と姉妹関係にあり、その都市がどこにあるのかがわかるだけでは不十分である。人や物に目を向けて、具体的にどのように結びついているのかを調べさせるようにする。

　多くの都市では「人」による相互訪問を行っている。中学生が参加していることもある。そこでは、人的交流にとどまらず、絵画や動物などの「もの」が交流されていることがある。

　県や市町村がどのような交流活動を行っているのかについても、HPで調べることができる。不明なことについては、県庁や市役所、町（村）役場の担当者に問い合わせる。

（北　俊夫）

| ●●● コラム ●●● | 北　俊夫 |

目的概念か方法概念か

　教育界に登場するさまざまな用語に対して、それは目的概念なのか方法概念なのかがたびたび話題になる。「言語活動の充実」が求められたとき、社会科の授業においても書いたり話したりする、言語による表現活動が多く見られるようになった。長文で書いたり活発に話したりする活動が子どもたちに見られると、言語活動が充実した授業だと評価され、表現した内容の質はほとんど話題にならない。言語活動を充実させることが目的化され、言語活動が何のために求められているのかがほとんど吟味されていない。

　アクティブ・ラーニングに対しても、同様なことが危惧される。アクティブ・ラーニングは子どもたちが主体的、協働的に学ぶ学習のことである。「なすことによって学ぶ（Leaning by Doing）」ことを重視した授業である。「なすこと」とは、子どもの主体的な学習活動のことである。各教科等に求められている目標や内容を確実に身につけることを第一義に据えた、授業の方法論である。各教科等に求められている学力が身につかないアクティブ・ラーニングはあり得ない。アクティブ・ラーニングを目的概念としてとらえた授業を展開すると、「子どもの学習活動は活発だが、子どもたちは何を学んだのか」と、その教科の本質や存在意義そのものが問われかねない。

　カタカナ文字で示されると、どこか新鮮さを感じる。新しいことに取り組まなければならないのかという意識にもなる。しかし、社会科の授業は本来アクティブに学ぶ教科であったはずだ。社会科において、アクティブ・ラーニングはあくまでも手段であることを確認したい。アクティブ・ラーニングを方法概念としてとらえ、子ども一人一人が社会認識を深めるために貢献するものでありたい。アクティブなことは授業の必要条件である。それがラーニング（学習）として成立したとき十分な状況になる。アクティブ・ラーニングの趣旨にもとづいて授業を展開した結果、子どもたちは社会がわかるようになり、社会参画力の基礎が養われるようしたい。

IV

アクティブ・ラーニングによる新しい学習活動

第5学年

(1) 5年社会科学習のアクティブ・ラーニング

▶錯覚のアクティブ・ラーニング

 5学年の社会科は、目標の(3)で「社会的事象を地図や地球儀、統計などの各種の基礎的資料を効果的に活用し、社会的事象の意味について考える力、調べたことや考えたことを表現する力を育てるようにする」として、「社会的事象の意味」を追求させる学習を想定している。

 子どもたちに提示する基礎的資料は、いずれも我が国の国土や産業のようすを示したものであり、扱う資料も多くなる。4学年まで社会科学習で使用した具体的資料に比べて抽象度の高い資料も多くなり、とかく基礎的知識の習得に追われがちになる。

 「社会科は暗記物」という誤解は、子どもの頃に国土の河川や平野、山地・山脈、おもな農産物や漁港、鉱山、工業地帯や工業地域を記憶させられた原体験があるからである。教師の中には、子ども時代にそのような社会科学習をしてきたトラウマから抜け出せられず、5学年社会科を暗記学習にしてしまっている例も少なくない。

 もちろん、昨今の暗記学習は、かつてのように白地図帳に地形や産地を書き写すという直截的なものではない。「いくつかの課題を提示して、それをインターネットや資料集で調べて、社会科新聞にまとめる」いうように、一見子どもの自主的な学習になっている。

 教室の日常を知らない管理職や保護者は、廊下に掲示されている色鮮やかな社会科新聞を眺めて、子どもが活躍する社会科学習が行われていると勘違いする。

 このような社会科学習は、一見アクティブ・ラーニングのように見える。おそらくこのような社会科学習を称して、すでに、アクティブ・ラーニングを実践していると錯覚するおそれもある。

▶課題の発見・解決に向けた社会科学習

 前述したように、「アクティブ・ラーニング型社会科」学習では「課題の発見・解決に向けた主体的・協働的な学び」を期待している。

課題意識も持たず、与えられた作業課題をインターネットや資料集など
で調べて作品にまとめるだけでは、かつての暗記学習と何ら変わりはない。

　そもそも5学年の社会科学習は、国土全体に目を向けるから扱う題材の
抽象度が増すので、子どもたちは課題の発見をしにくいという難点がある。

　一方で、アクティブ・ラーニングは、結論を出しにくいテーマに基づく
学習に適していると言われる。アクティブ・ラーニングが、大学の授業改
革の中で生まれたことも、大学での学修のねらいに即しているからである。

　5学年のアクティブ・ラーニングでは、大学で行われるオープンエンド
型の授業が参考になる。

▶5学年アクティブ・ラーニング型社会科学習

　5学年の学習で結論の出しにくいテーマを選択する。例えば次のような
テーマが考えられる。

○北方領土や竹島、尖閣諸島の問題を解決するにはどうすべきか

○日本の農業は自給率を高めるべきか

○耕作放棄地などで、トウモロコシや大豆などの飼料を生産すべきか

○水産業に従事する人の後継者をどう育てるべきか

○価格が高くても、環境に優しい自動車を生産すべきか

○町工場も、安い労働力を求めて海外生産をすべきか

○情報社会の進展は、本当に幸福をもたらすのか

○国土の開発と自然の調和をどう図ればいいのか

　基礎的な知識の習得を図った上で、学級や地域の実態に合わせて、上記
のようなテーマを構想する。実際に授業場面では、より追究しやすい学習
問題にすることもある。

　授業者がこうした授業イメージを持って、子どもたちに課題の発見と解
決のアクティブ・ラーニングを展開する。

(2) 小単元「日本の位置」

① 日本の位置をとらえるICTを活用した学習活動
▶地球儀を活用した学習

　現行学習指導要領では、5学年の内容（1）のアにおいて「世界の主な大陸と海洋、主な国の名称と位置、我が国の位置と領土」について、地図や地球儀、資料などを活用して調べるように明記している。

　従来から、各学校では、教材室に地球儀を整備してきてはいた。しかし、せいぜい1台か2台で教師の教授用備品であることが多い。学級内のグループに1台の地球儀を用意できる学校は少なかった。

　地球儀は高価である。かつて、ほとんどの家庭に地球儀はなかった。だから、地球儀キットを各自で購入させて、6学年の2月頃、学校の社会科の時間にせっせと地球儀づくりをさせた。しかし、地球儀づくりは、そう簡単ではない。未完成のまま投げ出す子どもも多く出現する。その後、地球儀づくりの活動は下火になる。

　各グループで地球儀を活用するためには、10台ほどの地球儀をそろえる必要がある。地球儀の収納スペースも必要である。地球儀は、普段は収納しにくい教具であり、10台もの地球儀を収納するには専用の棚が必要である。

▶ICT活用による国土の位置

　地球は丸い。丸いものを平らの紙面で見せたいから苦労する。平面図では、ゆがみが出て、陸地や海の形、面積、方位、距離などをすべて正しく表すことはできない。先駆者たちはボンヌ図法とかエケルト図法、正角円錐図法などさまざまな世界地図を生み出してきた。しかし、どの平面地図もおのずから限界がある。

　だから、正確に見るためには地球儀が必要である。だが地球儀の弱点は世界全体を一度に見渡すことができないという点にある。特に、地図の苦手な子どもにとっては、かなりハードルが高い。

　そこでICTで、丸い地球をわかりやすく理解できるようにする。

ICTで子どもに見せる画面は、平面図である。しかし、教材を工夫すれば、かなり弱点を克服できる。

国土の位置を正確に表すために、地球上の位置の表し方を学習する。

①北極と南極を探す

②北半球と南半球を確認する

③イギリスのロンドンを探し、0度の経線を確認する

④日本の経度を調べる

⑤赤道を探し、0度の緯線を確認する

⑥日本の緯度を調べる

▶グーグルアースで俯瞰する活動

特に、グーグルアースで、地球の写真からアップしていくと迫力がある。ユーラシア大陸、アフリカ大陸、オーストラリア大陸、北アメリカ大陸、南アメリカ大陸、南極大陸を俯瞰する。すると、入り組んだ海岸線や島々、平野や山地、砂漠、湖沼や河川などが見て取れる。地球儀で、地名を見つけられない子どもでも、ICT活用で、簡単に探すことができる。

世界の主な海洋もとらえる。太平洋、大西洋、インド洋、北極海などの海洋がすぐわかる。さらに俯瞰すれば、日本海、オホーツク海、東シナ海、地中海、紅海、アラビア海、カリブ海、ベーリング海、北海などの海が見えてくる。さらに、メキシコ湾、ハドソン湾、アラスカ湾、ベンガル湾、ギニア湾などの大きな湾も発見できる。子どもたちはきっと、「海」と「湾」はどう違うのだろうという疑問を持つに違いない。

世界全体を見たら、日本列島を概観する。4つの大きな島といくつもの島々から構成されている日本列島の形をとらえる。よく見ると、日本列島は緑の部分が多く、国土の大半が森林でおおわれていることがわかる。

次に自分の住む県（都、道、府）にズームインする。ここで上空から見た自分たちの住む県の形や隣の県との境界などをとらえる。こうして日本の位置について課題をもち、さらにそれを追究しようとする。アクティブ・ラーニングによって、〈問の連続性〉が生まれる。

② オリンピック参加国をグループで調べる学習活動

▶海に囲まれた日本

我が国の位置と領土を調べる学習。一般的に言う「領土」とは、我が国がその権限を行使できる範囲を指す。具体的には、領土、領海、排他的経済水域、大陸棚、防空識別圏などが含まれる。

我が国は7か国と国境を接している。国境を接する7か国とは、ロシア、北朝鮮、韓国、中国、台湾、フィリピン、アメリカである。これまでの社会科学習では、国土ばかりに目を向けて「領海」には目を向けてこなかったため、どこの国と国境を接するかを知らぬ人が多い。日本の周りの国々の名称と位置を確かめ、着実に習得できるようにしたい。

次に国土の面積に注目する。日本の国土面積は約38万平方キロメートル。ドイツの約36万平方キロメートル、ノルウエーの約39万平方キロメートルと同じくらいで、ロシアやカナダ、中国などの大国と比べるといかにも小さい。

しかし日本の海は大きい。領海の体積で見れば、アメリカ、オーストラリア、キリバス、日本、インドネシア、ミクロネシアの順であり、堂々の第4位である。世界の強国である中国、ロシア、フランス、ドイツ、インドなどはベスト10にも入らない。日本は中国の5倍もの海を保有している。

▶世界の国々の名称と位置

本単元では、主な国の名称と位置を扱う。主な国としては、政治的、経済的、文化的につながりの深い国々をおさえる。アメリカ、中国、韓国、オーストラリアなどの国は必須である。他に、イギリス、フランス、ドイツ、ロシア、インド、サウジアラビア、タイ、カナダ、ブラジルなどの国々もはずせない。

その上で、さまざまな要素から着目する国々も想定しておく。北朝鮮、台湾、香港、シンガポール、フィリピン、インドネシア、マレーシア、イラン、イラク、イスラエル、アラブ首長国連邦、エジプト、イタリア、スイス、オランダなど、関係の深い国々の名称や位置を調べる。

この時期、子どもの中には、ニューヨーク、パリ、ロンドン、ローマ、

上海、ソウルなどの都市名をあげたり、ハワイ、タスマニア、イングランドなどの地名をあげたりする者もいる。ここでは、国名を着実におさえる。

▶オリンピック参加国を調べるグループ活動

オリンピック等の参加国から、日本の周りの国々の名称と位置を調べる活動。A班は1964年の東京大会に参加した国々を調べる。参加は93の国と地域。B班は1972年の札幌冬季大会、C班は1998年長野冬季大会、D班は1970年の大阪万国博覧会の参加国、E班は1975年の沖縄海洋博の参加国を調べる。そして、F班は1990年の昭和天皇の国葬に参列した国を調べる。アメリカのブッシュ大統領夫妻、フランスのミッテラン大統領など164の国の代表者と多くの関係機関が参列した。

それぞれの調べた国を、世界地図で比較する。すると、この50年間に、我が国で開かれた大きなイベントにどこの国が訪問しているかわかる。

その上で、2019年のラグビーワールドカップ日本大会、2020年のオリンピック・パラリンピック東京大会の参加国を予想してみる。

特に、2016年のオリンピック・リオデジャネイロ大会の各国の選手団の規模を調べて、2020年東京大会の選手団の規模を予測する。

そして、各イベントごとの参加国を世界地図に記し、関係の深い国々を調べる。また、日本の周りの国々の名称と位置を確認する。

発展学習として、東京中央区晴海に建設する選手村の、各国別のレイアウトを作成したり、大会開催中に訪日する観光客の国別人数予想などを予想したりするのも興味深い学習になる。

例えば、選手村の各国の役員・選手の数に応じて、料理を作るのかどうか。

アメリカ料理、中華料理、フランス料理、イタリアン、エスニック料理、ロシア料理、韓国料理、イスラム教徒の料理、和食などのコーナーをどの程度の割合でレイアウトするのか。総合的な学習で追究するのも、アクティブ・ラーニング型学習になる。

(3) 小単元「特色ある地形と人々のくらし」

特色ある地形を作業で調べる学習活動
▶**地図帳で見る日本列島**

　子どもたちは日ごろから、テレビの気象情報で日本地図になじんでいる。また、5学年になるまでにも教室や廊下の常掲地図で日本列島の地形図を眺めている。しかし、じっくりと日本列島の地形図を見る機会はなかった。そこで、本小単元では、特色ある地形と人々のくらしを調べる。

　日本列島は、南北に弓なりになった細長い形をしている。4つの大きな島と、いくつかの島が日本地図から読み取れる。島の名前を見ると、択捉、国後などの北方領土や、南の小笠原諸島、沖縄島、宮古島などの南西諸島、日本海に浮かぶ佐渡島、隠岐諸島、竹島、対馬、壱岐島……。多くの島々から日本列島が構成されていることがわかる。

　国土の中を見ると、海抜200メートルまでを示す緑色の地域が海沿いに広がっている。また、内陸でも大きな川の周りが緑色になっている。さらに国土の多くの地域が茶色で塗られている。本州、北海道、四国、中心付近には背骨のように高い山がそびえて、太平洋側と日本海側を隔てている。九州の背骨も東西の地域を区分する。

▶**特色ある地形を調べる作業活動**

　地形から見た特色ある地域とは、大きく分ければ高地でくらす人々と低地でくらす人々がいる。高地でくらす人々は河川の上流部に住んでおり、低地でくらす人々は河川の下流部に住んでいる。

　高地でくらす人々のようすの事例地として長野県の野辺山高原を取り上げる。野辺山高原は信濃川の上流地域にあり、JRの駅で最高地点にある野辺山駅も高原の中にある。

　作業学習として、長野県と山梨県にまたがる地域の等高線を示す地図を提示する。高さ200メートルごとに結んだ線を色別に塗る。すると、八ヶ岳連峰の赤岳（2899メートル）や金峰山（2599メートル）を最高地点として釜無川に達する海抜400メートル地点まで等高線が引かれている。

等高線に色を塗ると、高い山から下る際には等高線が密になっており、傾きが急で険しい地形であることがわかる。それが、人々のくらすJR小海線沿線や釜無川沿いにかけて次第に緩やかな地形になっている。

このように、地形図を彩色することで地形のようすを、より実感的にとらえることができる。

▶高地でくらす人々

次に野辺山高原でくらす人々のようすを調べる。野辺山高原では、夏でも涼しい気候を利用して高原野菜を育てている。我が国の野菜の主な産地は平野部に広がっている。そこでは、夏場にはトマトやキュウリなどの夏野菜を収穫するが、レタスや白菜、キャベツなどの暑さに弱い作物を育てることはできない。しかし、消費者は、夏でもサラダ用にレタスやキャベツなどを求める。夏でも収穫できる高原野菜は重宝がられる。

野辺山駅周辺の土地利用図を提示する。その地図を畑・牧草地、住宅など、森林・その他高原に分けて色塗りする。

森林を生かし、畑や牧草地を取り囲むようにしている。その森林が、強風が直接吹き付けるのを緩和する。また、野辺山駅中心部から離れた地域にも、住宅が点在している。牛を育てて牛乳をとる酪農家は、牛の世話のため牛舎そばに住む。それが土地利用図からわかる。

野菜は、同じ畑で同じ作物を作り続けると連作障害を起こす。そこで野辺山高原でくらす人々は、作る野菜を変えて、連作障害にならぬように工夫している。時には、野菜のローテーションに牧草も組み込んで、一つの土地を有効に活用している。

野辺山高原に住む人々は、1946年、戦争から戻り開拓団として移住してきた。荒れ地が広がり、農業には適さない土地を開墾して、しだいに農地や牧草地に変えていった。そして、高原野菜や酪農という高地に適した農業に活路を見出したことをとらえさせたい。

(4) 小単元「特色ある気候と人々のくらし」

特色ある気候の発表会の学習活動
▶日本の気候の概観

　ヨットマンの石原慎太郎が気象庁の担当大臣だったとき、「日本の天気予報は世界的に見て難しいのによくやっている」という発言をした。我が国は、大陸と大洋（太平洋）に挟まれ、南北に細長く広がっているため、目まぐるしく天気が変わる。また、地域によってさまざまな気候の特色をもっている。

　夏は太平洋側に高気圧が発達し、南からの風が大陸に向けて吹く。山沿い地区ではしばしば雷雨に見舞われる。冬は中国大陸で高気圧が発達し、太平洋側に向けて強い北西風が吹く。日本海で吸い込んだ湿気を中央山岳部で、大量の雪として降らせる。

　世界有数の豪雪地帯に、これだけ多くの都市が発達している国は少ない。豪雪地帯に多数の人がくらすから、除雪のための膨大なコストがかかる。その費用が自治体財政を圧迫する。豪雪地帯でくらす人々の苦労も並大抵のものではない。しかし、大量の雪は「天然の貯水池」であり、大量の農業用水を必要とする豊饒の水田地帯を形成する。米1トン作るのに水が約3000トン必要である。その大量の水は、冬の豪雪に耐えた人々への天からの贈り物である。

　春と秋は、西側から移動性低気圧がしばしば日本を通過する。時速40キロメートルで、1日で1000キロメートル進むと、昨日、上海にあった低気圧が今日は福岡、明日は東京へと移動する。天気もそれに伴って数日おきに変化する。

　桜の花見の頃は、しばしば天気が変わり雨で花が散る。古代人は、そのはかなさを和歌にしてきた。秋の運動会シーズンも、ちょうどそのような天気の頃で、多くの学校が目まぐるしく変わる天気に翻弄されてきた。

　台風は、しばしば南海上で発生し、夏から秋にかけて日本列島を縦断する。沖縄県から九州、四国、紀伊半島に上陸し甚大な被害をもたらす。

▶各地の気候を区分する日本地図

日本の気候を大きく6つのエリアに区分する。

①北海道地区……夏涼しく冬は寒い。1年を通して雨が少なく梅雨がない

②本州太平洋側から九州地区……夏は蒸し暑く雨が多い。冬は晴れの日が多い

③本州日本海側地区……冬に雪が多く降る。世界的に有数の豪雪地帯もある

④本州内陸地区……夏の暑さと冬の寒さの差が大きい。1年を通して雨が少ない

⑤瀬戸内海地区……1年を通して温かく、雨が少ない

⑥沖縄地区……1年を通して暑く、雨が多く降る

気候の特色は、気温と降水量のグラフで表される。気温は折れ線グラフ。縦軸の温度（℃）の単位を見て特徴や変化を読み取る。降水量は棒グラフ。縦軸のミリメートル（mm）の単位を見てとらえる。

▶気候と人々のくらしの発表会

我が国の気候の特色を、6つのエリアに区分した。それぞれの気候の特色や人々のくらしを調べて作品にまとめる。

例えば、北海道のグループ。道庁所在地の札幌市の1年間の雪の量は約600センチメートル。それを、他の県庁所在地と比較する。富山市（約380センチメートル）、金沢市（約280センチメートル）、新潟市（約210センチメートル）、仙台市（80センチメートル）。

札幌市の雪は6メートルで教室の天井の高さの2倍になる。他の県庁所在地と比べても雪の多いことがわかる。札幌市は12月と1月、2月の気温は氷点下になる。3月でようやく零度に上がる。

このような気候の中でくらすために札幌市の人たちの住まいは、雪を落としやすくするための急な屋根、解けた雪を排水する屋根の溝、雪や寒さを入れぬための二重扉の玄関や窓、壁や床の断熱材、家の外側の灯油タンクなど、さまざまな工夫をしている。

各グループが、担当したエリアについて、気候の特色と人々のくらしを発表する。自分のエリアと比較しながら、発表内容を学習する。

(5) 小単元「米作りのさかんな地域」

① 米作り体験の学習活動

▶米作りの作業

　近年は、多くの学校で稲を育てるようになった。しかし、校庭のスペースや注排水設備によって、田圃の大きさもいろいろである。児童数の多い学校では、ミニ田圃に入って子ども全員が田植えや草取り、刈取りをする体験活動まではできない。その場合には、実際に体験する場面を細分化させて、交代で田圃に入れるようにする。また、田圃と合わせて、バケツによる米作りを行うようにする。

　通常、米作りには次のような活動が必要である。

```
①種まき・苗作り（4月）
②肥料をまく（5月）
③田おこし・しろかき（5月）
④田植え（5月～6月）
⑤水の管理（6月～9月）
⑥除草（7月～8月）
⑦稲刈り（9月～10月）
⑧乾燥・もみすり（9月～10月）
⑨出荷（10月）
⑩機械や道具の整備、片付け（11月）
```

　これらの作業をどの程度、子どもたちに行わせるか計画を立てる。例えば、6畳ほどの田圃を5学年60名の子どもたちが作業する。

　作業量の多い、田おこし・しろかきは1組10名、2組10名が2班体制で作業する。田植え、稲刈りも同様にする。また、水の管理、除草は毎日4名ずつ交代で行う。約3か月間に、一人当たり6回の当番にあたる。

　その他の作業は全員の前で代表の子どもが作業する。

　この体験に合わせて、一人が1つのバケツで稲を育てる。もしスペース

に余裕があれば、一人で2つのバケツを使う。

　こうして収穫した米を炊いて、皆で会食する。保護者を招待して、収穫祭をする。もち米を育てて、もちつき大会をするのも楽しい活動である。

　7か月に及ぶ米作りの日々の手入れと地道な作業が欠かせない。米作りの体験を通して、子どもたちは農家の工夫や大変さの一端を実感するはずである。

▶体験を渇望する現代人

　5学年の子どもたちの父母世代は、米作りの現場を見た体験は少ない。だから、保護者の世代にも、子どもたちの米作り体験を伝えたい。

　私の住む千葉県八千代市にある、農業施設では、さまざまな「農業体験」ができる。家族連れが田植え体験をする。終えれば、広い流し場で泥を流し、屋外バーベキュー。隣接の売り場で、地元産の野菜を購入する。田植えをして誇らしげな子どもたちに、父親が焼きそばを振る舞う。近年の都市近郊に住む若い家族の休日の一断面である。

▶学校での米作り体験

　都市部で農業体験できるのは、一定のゆとりがあり、体験活動に理解のある父母がいるからである。「イクメンパパ」でなければ、たまの休日に子どもの田植え体験に付き合わない。

　泰明小学校では、PTAが中心になって休日の農業体験を始めた。東京近県の米作り農家に依頼して、田植えや刈取りを体験する。田圃に入ったことのない親子は泥まみれで一日を過ごす。銀座の小学校が課外活動で農業体験。まさに時代のトレンドがそこにある。

　学校で米作りの体験をさせるためには、子どもたちの〈体験格差〉があることを前提にしなければいけない。アクティブ・ラーニングをするためには、子どもたちの体験が共有化される必要がある。地域、学校の実態に応じて、米作り体験の可能性をさぐる。学校全体としての視野が必要である。

② 売れる米作り討論の学習活動

▶ブランド米「つや姫」の登場

我が国の米の品種の一番人気は、コシヒカリである。2014年の作付面積は36.6％を占め、第2位のひとめぼれ（9.7％）、第3位のヒノヒカリ（9.2％）、第4位のあきたこまち（7.2％）、第5位のななつぼし（3.1％）を大きくリードしている。

コシヒカリは新潟県、茨城県、栃木県などで耕作している。中でも、新潟県南魚沼産のコシヒカリはブランド米として人気が高い。値段も高いが、多くのファンがいる。豪雪地帯で山がちな南魚沼地方の地形や気候、そして人々の努力と工夫が良質の米を育てている。

米作りの盛んな地方では、品質のよい米の開発に懸命だ。

山形県の県庁舎入口。玄関で割烹着姿の女性県知事の等身大パネルが出迎える。山形米「つや姫」の宣伝用パネルである。このパネルは、都心にある山形県のアンテナショップの玄関にも設置された。山形県では、県知事が先頭に立って、宣伝活動に力を入れた。それから5年連続で「つや姫」は「特A」を受賞し、ブランド米に成長した。

▶各地の米ブランド競争

我が国は有史以来、瑞穂の国である。天皇陛下はご高齢にもかかわらず、皇居内水田において初夏には田植え、秋には収穫の行事を欠かされない。収穫した米は伊勢神宮に奉納される。米作りにかかわる日本人としての原点を見る思いである。

地域の鎮守の祭礼も秋の収穫を祝うものであるし、豊年満作を願う伝統行事も多い。このように、米作りは国民の生活をさせるだけでなく、我が国の文化や伝統と密接にかかわり、日本人の国民性を涵養してきた。

ちなみに我が国の米の消費量は世界第8位。中国、インド、インドネシアなどの国々に比べるとかなり低い。一人当たりの米の年間消費量は約60キログラム。1位のブルネイは245キログラム、日本人の4倍も食べる。「最貧国」と言われるバングラデシュでさえ年間消費量は160キログラム、日本人の2.5倍の米を食べる。

食生活の多様化が進み、日本人の米消費量はかつての2分の1程度までになった。米が売れないから、生産地は必死だ。前述したブランド米の開発も対応策の一つ。消費者にアピールする銘柄米の宣伝もその一つである。熊本県米の「森のくまさん」は森の都の「もり」と「熊本」の「くま」、産出の「さん」で合成した。宮城県の「なまむすめ」青森県の「まっしぐら」群馬県の「ゴロピカリ」もそれぞれの地域の特色を生かしてネーミングしている。

▶米作りの討論会

さて、2011年7月から、「米トレーサビリティ法」によって、米穀事業者が消費者へ販売する際には、原料米の産地（国名、県名など）の情報伝達が義務化された。どこの米であるかを、売る側は知らせなければならなくなった。このことで、消費者は米だけでなく、加工食品の原料米、飲食店や持ち帰り弁当のごはんの産地情報を入手できるようになった。

このような米作りを巡る環境の変化の中で、これからの米作りについて討論する。テーマは「売れるコメをつくるにはどうしたらよいか」である。例えば次のようなプランを検討し合う。

○さらにおいしい米の開発に取り組む
○高級化して、もうけを増やす
○面白いネーミングで消費者の関心を引く
○安売り弁当用に大量生産で安い米を作る
○日本のおいしい米を中国やインドに輸出する
○農家が協力して米作りの会社を作り、コストダウンを図る
○寿司、カレーライス、おにぎりなど用途に応じた専用の米を作る
○消費者と契約して、米作り体験ができるようにする

子どもたちは、各地域の取組のようすを調べ、それを根拠にして自分の意見を発表する。討論を通じて、売れる米の開発には大変な努力がいることに気付くようになる。

(6) 小単元「水産業のさかんな地域」

主な漁場や漁港を作業で調べる学習活動
▶魚を食べなくなった日本人

　NHK朝の連続テレビ小説「あまちゃん」の舞台は、岩手県久慈市。主人公アキの祖母はウニ獲りの海女、祖父はマグロ船の漁師。アキが臨時の海女になって話題を呼ぶ。祖父は、もうマグロ船を降りたいと弱音を吐く。町の関係者は若い海女を利用して売り出そうとする。このドラマでも、キーワードは漁業の後継者不足、過疎化、そして町の活性化である。

　漁業で働く人は1970年には60万人近くいたが、2010年には20万人強にまで減少。我が国の漁業関係者はこの40年間で3分の1にまで減少した。現在の漁業関係者の約2分の1は60歳以上。後継者不足は深刻だ。

　ところで、我が国には寿司屋が約3万店もある。全国の小中学校の数と同じだ。ひとつの小学校区に、平均して1.5店の寿司店がある。寿司屋の敷居が低くなったから、小学生の子どもたちは、親の子ども時代よりももっと頻繁に回転寿司へ通う。また、学校給食でも、かつてよりも魚介類の献立を工夫している。

　こうして見ると、魚介類は日本人の食卓のエースのように思われる。しかし、日本人の魚介類の消費量は1990年をピークに次第に減少している。この20年間で300万トン程度の減少である。国民一人がざっと25キログラム程度の魚介類を食べなくなった勘定になる。

▶我が国の水産業のようすをとらえる作業活動

　こうした課題があるにせよ、我が国は豊饒の海に四囲を囲まれて立地していることに何ら変わりはない。アクティブ・ラーニング型社会科で水産業の学習を展開するために、白地図と統計資料を準備する。

　先ずは、日本の周りの漁場を調べる。日本列島は大陸と大洋に挟まれているために、複雑な潮の流れが南北から国土を洗う。太平洋側には南から日本海流。銚子の沖合から東へと抜け、黒潮と呼ばれる勢いのある暖流である。北からは北方領土をかすめて南下する千島海流。プランクトンを多

く含み親潮と呼ばれる寒流である。日本海側にも暖流である対馬海流と寒流であるリマン海流が流れる。

　そして国土の周りには深さ200メートルまでの大陸棚が取り囲む。魚が生息するには、もってこいのすみかである。このような〈里海〉に囲まれて黎明期から日本人は海の恩恵を受けてきた。

　こうした自然環境の中で、どのような魚介類がとれるのか調べる。子どもたちのなじみのある魚介類は、例えば次のようなものであろう。マグロ、カツオ、サンマ、アジ、イワシ、サバ、ブリ、ハマチ、カレイ、シシャモ、サーモン、シラウオ、カニ、エビ、イカ、タコ、ホタテ、アサリ、シジミ、ウニ、イクラ、タラコ、ワカメ、コンブ、ウナギ、アユなど。また、地域によってはホッケ、ハタハタ、タチウオ、ハマグリ、ハモ、アナゴ、コイなども食される。

　回転寿司やスーパーマーケットで見かける、これらの魚介類がどこでとれるか統計資料で調べ白地図に記す。この学習で、魚介類のとれる場所は海流や海の深さと関係があることをとらえる。また、海だけでなく川や湖に住む魚介類もとっていることがわかる。さらに、国内だけでなく、ウナギやシシャモのように海外から輸入している魚介類もあることがわかる。

　次にこれらの魚介類が国内のどこの地域で水揚げされるか調べる。すると根室、釧路、八戸、石巻、銚子、焼津、境、長崎、松浦、枕崎などの港で大量に水揚げされていることがわかる。白地図にそれぞれの港を記す。

▶「水産業地図」を活用した学習

　このように、我が国水産業を概観し白地図にまとめる作業学習をする。さまざまな情報を集めた『水産業地図』は立派な作品である。『水産業地図』は日本地図をベースにしながらも余白の活用のしかたによって、子どもの個性が発揮される。レイアウトや着色、イラスト、標題なども工夫し展示作品としても、多くの人の目にふれる。

　作品を完成した上で、水産業で働く人々の努力や工夫について探っていく。また、育てる漁業や水産資源を守る人々の姿も学習する。

(7) 小単元「これからの食料生産」

① 食料生産をICTでとらえる学習活動
▶自給率の謎

「我が国の自給率は39％である」という数字をよく目にする。食料自給率は国内で消費された食料のうち、国内で生産された割合であり、「％」で示す。自給率100％なら、すべて国内で生産しているということである。

例えば、2011年で米の自給率は96％、野菜79％、肉類54％、魚介類52％である。肉類の自給率が54％ということは、スーパーマーケットで売っている肉の半分は外国産であるということになる。しかし、実際にスーパーマーケットを見学して、売り場の半分を外国産の肉が占めているであろうか。外国産の肉と言えば、牛肉コーナーにオーストラリア産や豚肉コーナーにアメリカ産のパックが並べられているが、ほとんどの肉は国産品である。

それでは、肉類の自給率が54％という数字は、どういうことなのだろうか。ここに自給率の謎がある。「自給率39％」という数字は、カロリーベースで表した数字である。牛や豚が食べるトウモロコシなどの飼料の多くは、価格の安い輸入品である。この飼料を食べて生産されたカロリーベースでは国産ではない。だからカロリーベースでは自給率が下がる。すべて国産の飼料で育てれば、カロリーベースの自給率はぐんと高くなる。

ちなみに、我が国の食料自給率は、生産額ベースで表せば「64％」になる。「39％」の自給率とスーパーマーケットのギャップはここにある。生産額ベース自給率では、国内産米価の低下や輸入魚介類価格の上昇、為替動向の影響などで低下する。また、カロリーベース自給率では、米の需要量の減少などで低下する。

▶農産物の輸出

自給率の低下ばかりが目立つが、我が国の農産物や食品の輸出は着実に伸びている。2014年の輸出額は6117億円で、1955年に統計を取り始めてから初めて6000億円を超えた。2年連続で過去最高額を記録している。

世界的な和食ブームや東京オリンピック・パラリンピックへの期待から、今後ますます活発化するに違いない。2013年に和食が世界無形文化遺産に登録された意義は大きい。来日したオバマ大統領が安倍総理とともに、泰明小学校近くの寿司店「すきやばし次郎」で夕食を囲んだのも記憶に新しい。

今後、福島原子力発電所事故に伴う各国の過敏な対応が沈静化すれば、我が国の農産物や水産物はさらに、販路を拡大していくであろう。

▶これからの食料生産

我が国が食料を安定して確保し続けていくためには、これからの食料生産をどのようにしていくべきであろうか。

この課題を主体的・協働的に学ぶためには、ICTによって、各種の資料を多面的に活用することが大切である。かつての社会科学習では、教科書と地図帳、市販の資料集を使って、学習課題にアプローチした。しかし、限られた情報にしか接することができなかった。たまに、教師が『日本国勢図会』や統計年鑑から関係のありそうな資料をコピーして配付する程度であった。

それでは、アクティブ・ラーニング型学習は展開しにくい。主体的・協働的に学ぶためには、学習者自身がデータを検索するツールを持つ必要がある。ICT活用によって、農林水産省関係の各部署のホームページにアクセスできる。子どもたち、米作り、野菜や果物、酪農の最新の資料が入手できる。水産業にしても全国統計から、各漁港ごとのデータも入手できる。

輸出や輸入の品目や価格、相手国、国民の食生活の変化、食料生産の国際的な動向、今後のTPPの影響などもわかる。それらの多くは最新のデータに更新されている。

ICTを通して、資料は厳選して活用しつつも、できるだけ事象を多面的にみることで、子どもたちの社会科の学力を一層高めることができる。

②「これからの食料生産」を討論する学習活動

▶国内の野菜生産

　スーパーマーケットの店頭に各種のパック入りの野菜サラダが販売されている。仕事を持つ共働き世帯にパック入り野菜サラダは好評である。きっと時間のない小学生の両親も生野菜パックを愛用しているに違いない。

　ちなみに1962年から2010年までの48年間で、最も生産が増えた野菜がトマトで伸び率は188.8。第2位がにんじんで182.3、第3位がキャベツで145.8、第4位が玉ねぎで145.3である。いずれも、洋食によく使う野菜である。一方、生産が低下したのはかんしょ、さといも、だいこん、ごぼうなど。家庭で使う伝統的な和食の野菜である。家庭内の献立の変化を表している。

　ちなみに、2010年の野菜の生産量の第1位はジャガイモ、以下にだいこん、キャベツ、玉ねぎ、白菜が続く。伸び率トップのトマトだが、現時点では汎用性の高いこれらの野菜の後塵を拝している。スーパーマーケットの売り場のレイアウトは、それを反映する。売れ行きのよい野菜が、次第にそうでない野菜を凌駕する。

▶外国からの食料品

　さて、国内生産の盛んな玉ねぎだが、輸入量もダントツに多い。玉ねぎは子どもたちの大好物のハンバーグやカレーライス、ロールキャベツやメンチカツ、餃子などにも欠かせない野菜である。2012年の統計では、国内産の玉ねぎは1キログラム227円、外国産は152円で75円の差がある。

　同様に、にんじんは国内産308円、外国産138円である。野菜でも、国産品と輸入品でこのような価格差がある。高級食材では国産と輸入品の差はもっと拡大する。牛肉、うなぎ、はまぐり、ししゃも、さくらんぼ、まつたけなどは数倍もの開きが出る。

▶討論「日本の食料生産は自給率を高めるべきか」

　国産と外国からの輸入品を比べると大きな値段の差がある食料品が多い。それなら安い輸入品を購入したほうが消費者には得である。しかし、輸入に依存すれば国内の食料生産は大きなダメージを受ける。

そこで、「これからの食料生産」について、学級で討論する。例えば、次のような意見が交わされる。教師はあらかじめ、どのような意見が出されるか予想しておくことが大切である。

①安い輸入品を利用したほうが得である
②輸入品は安全でない品物が含まれている可能性がある
③輸入品の品質検査を十分にすれば大丈夫だ
④国産品のほうが安心して食べられる
⑤輸入品でなければ、うなぎもまつたけも家庭では購入できない
⑥輸入品が多くなれば、国内の食料生産が影響を受ける
⑦ますます農業や水産業の後継者がいなくなる
⑧株式会社にすれば働く人は今ほど多くなくて済む
⑨これからの世界は各国が協力しての得意分野を盛んにするほうがいい
⑩高齢社会の日本では農地を工場に変えて生産力を高めるべき
⑪自給率が下がると、いざという時に困る
⑫輸入品を運ぶために石油を使うので環境によくない
⑬和食が世界遺産になったから、食料生産を盛んにして輸出を増やす

「これからの食料生産」は5学年の子どもでも討論しやすいテーマである。なかなか、結論の出るテーマではない。だからこそ、アクティブ・ラーニングで議論するにはもってこいの教材なのである。

これからの日本人は、国際社会の中で堂々と議論のできる人材を育てる必要がある。アクティブ・ラーニング型社会で討論する機会をぜひ設定したい。

グローバル社会の中で、子どもたちは社会人として他国の人々とも堂々とディスカッションをしていく資質は必須である。子どもは、「未来社会からの旅人」である。長期的な見通しで、社会科教育を実践していきたい。

(8) 小単元「自動車づくりにはげむ人々」

① 自動車生産をグループで調べる学習活動

▶我が国の自動車生産のあゆみ

　1970年、大阪万国博覧会が開かれた。当時の家庭の自動車の普及率は20％強。5世帯に1軒しか自動車をもっていなかった。

　1980年、わずか10年で、家庭への普及率は50％を大きく超えた。2世帯に1軒は自家用車をもつようになった。我が国の自動車生産は世界一になった。「ジャパン・アズ・ナンバーワン」と言われるほど、我が国の経済は飛躍的に進歩した。

　1990年、自家用車の普及率は80％を超えた。20年間続いた、急激な普及率の伸びは鈍くなった。そして、バブルが崩壊した。我が国の経済を牽引する新しい工業製品は、その後登場しなかった。

▶世界の自動車生産

　2014年、自動車生産の第1位は中国である。約2370万台生産している。第2位のアメリカが約1170万台、第3位の日本が980万台、第4位のドイツが約590万台、第5位の韓国が約450万台である。

　ちなみに、以下に、インド、メキシコ、ブラジル、スペイン、カナダ、ロシア、タイ、フランス、イギリスと続く。自動車を生産する力は、まさにその国の工業生産力を示すバロメータである。

▶自動車工場のようす

　全国に小学校が約2万校あるが、実際に自動車工場に見学に行ける小学校は多くない。近年は自動車工場の地方への移転や閉鎖が相次いでいる。組み立て工場が地域から無くなれば、部品を生産する関連工場も無くなる。こうして京浜工業地帯の中でも空洞化が起きる。東京圏でも、かつてのように気軽に自動車工場を見学できる環境ではなくなった。

　実際に、工場見学ができないので教科書や資料集で自動車工場のようすをグループごとに調べる。

　自動車工場は、大きく分けて4つの工場で成り立っている。プレス工場、

車体工場、塗装工場、組み立て工場である。

アクティブ・ラーニング型社会科では、この4つの工場を分担して調べる。その際に、それぞれの工場においてどのような工夫がされているのか、働く人やロボットのようすなどはどうかなどの課題をもち、主体的・協働的に追究していく。

プレス工場では、機械で鉄の板を打ち抜いたり曲げたりする。車体の材料となる鉄板は、ロール状に巻かれプレス工場に納品される。

車体工場では、車体の部品をつなぎ合わせて自動車の形に仕上げる。鉄をつなぎ合わせるためには、鉄を高温で溶かさなければならない。溶接は危険な仕事なので、溶接ロボットが行う。30秒ほどで40か所も溶接する、すぐれたロボットである。

塗装工場では、車体を洗い色を塗る。完璧に仕上げるために3回、塗装を繰りかえす。自動車工場で大量に必要なほとんどの水は塗装工場で使用する。自動車工場では、環境に負荷を与えぬように使用した水の浄化に気を付けている。

組み立て工場では、各種の部品を車体に取り付ける。フロントガラス、エンジン、ヘッドランプ、ミラー、ドア、タイヤ、シートなどさまざまなパーツを取り付ける。しかも、一つのラインで異なる車種を生産する。一人が受け持つ組み立てレーンは5メートル。その時間内に確実に組み立てる技術の高さがある。

各グループで調べた工場のようすを報告する。しかし、自分たちの調べた工場以外については詳しくわからない。そこで、相手にわかりやすく説明できるプレゼンテーションを工夫する。例えば、5分間程度の映像にまとめるのも一つの方法である。5分間の流れを構想し、シナリオ台本を書く。使用するVTRや写真、せりふ、インタビューなどを挿入する。

そして、グループの発表をもとにして、自動車づくりに励む人々の努力や工夫を探っていく。

② ICTで工場見学する学習活動

▶バーチャル工場見学

かつての工場見学は、弁当持参で1日がかりで出かける大きな学校行事だった。時代が変わった。インターネット上で「バーチャル工場見学」が簡単にできるようになった。『キッズドア』は次のカテゴリーの工場見学ができる。衣料品、飲料、楽器、紙、薬、化粧品、自動車、食べ物、素材、陶器、乗り物、文房具、その他。いずれも子どもたちになじみのある工業製品である。自動車のカテゴリーでは、トヨタ、ホンダ、日産、三菱、富士、マツダの各自動車会社にアクセスできる。

2014年3月、私は千葉県銚子のしょうゆ工場へ見学に出かけた。製造工程は映像で見て、実際の工場内の見学はほんのわずか。みやげに高価なしょうゆを購入して早々に引き上げた。このような「売らんかな」の公開見学ツアーも多い。それに比べると「バーチャル工場見学」はよくできている。

▶トヨタの工場での工夫や努力

トヨタのホームページでは、「こどもしつもんコーナー」として次のジャンルで整理している。工夫・努力、生産、協力会社、部品、原材料、会社がいきょう、海外、販売、機械・ロボット、環境、安全、福祉車両、開発、豊田市、物流、歴史、クルマ。

アクティブ・ラーニングで、課題を発見し追求する学習に耐えるだけの、豊富な「品揃え」である。数あるカテゴリーで、「工夫・努力」をトップにかかげているところに、5年社会科学習に対応してホームページを作成するトヨタの意気込みが伝わってくる。

そのうちの「工夫・努力」のカテゴリーを見る。よくある質問として、次の5問が掲載してある。

Q　クルマをつくる時、どんな工夫をしていますか？

Q　努力していることは？

Q　大変な作業は何ですか？

Q　自動車をつくる時に気をつけていることは？

IV アクティブ・ラーニングによる新しい学習活動──第5学年── 111

> Q　1台のクルマができあがった時の気持ちは？

　その中で「クルマをつくる時、どんな工夫をしていますか？」の回答と
して「品質のいいクルマをつくるための工夫」と「働く人のための工夫」
を載せている。品質のいいクルマをつくる工夫として、「指示ビラ」「ひも
スイッチ」「かんばん」を例示している。

　トヨタの「かんばん方式」は、かつて伝説の技術者大野耐一副社長が開
発したもので、トヨタ発展の礎となった技術である。

　「かんばん」の説明には次のように書かれている。「部品の種類や数など
が書かれたカード。これによって、必要な部品が必要な時に必要なだけ、
とどくしくみになっています。1台のクルマは約3万個の部品からできて
います。これらの部品は、トヨタと世界中にある協力会社がつくっていま
す。その部品の注文やのうひんに役立つのが「かんばん」です。部品箱か
ら最初の部品を使うときに、箱についている「かんばん」をはずします。
組み立て工場で定期的に「かんばん」を回収して協力会社へ行き、必要な
部品を引き取りに行きます。協力会社では、その時わたした部品をまたつ
くります。こうすることによって、自動車の組み立て工場は、部品を置く
場所が少なくてすみ、協力会社は部品をつくりすぎるムダがなくなります。
現在は、電子化された「かんばん」データを、協力会社へ送る方法をとっ
ています。電子データをすぐにやりとりできるので、とても便利になりま
した」

　かつて、5学年の工業単元は「工場見学の候補地選択」がネックであっ
た。5学年担任になると同時に、秋の工場見学の予約を入れるのに必死だ
った。機を逃すと、見学したい工場、見学したい時期、学校から行ける範
囲内の工場などは埋まってしまっていることが多かった。

　ICTなら、工場見学も容易である。課題発見・課題追究の社会科学習の
可能性が広がる。工場見学に行けない学校でも、アクティブ・ラーニング
ができる。

(9) 小単元「世界とつながる日本の工業」

グループで日本の工業を調べる学習活動
▶海外での生産
　我が国の自動車産業は、1980年頃から急速に輸出台数を増やしてきた。主な相手国はアメリカ、旧西ドイツ、カナダ、オーストラリア、イギリスなど。日本車の人気が高くなり、アメリカの自動車産業に深刻な打撃を与えた。自動車の街デトロイトは、繁栄の面影を失うほどさびれた。貧困は犯罪や暴動を引き起こした。日本車をハンマーで壊す映像が繰り返し報道された。自動車を巡る日米経済摩擦はその後も続いた。
　海外での輸出への規制が強くなり、現地生産にシフトするようになった。
　2014年のトヨタの生産台数は約900万台。そのうち、国内生産は約330万台、海外生産は570万台。海外生産のほうがずっと多い。1990年代半ばに、輸出台数より海外現地生産台数のほうが多くなり、現在に至っている。

▶グループ活動のテーマ
　グローバル化する現代、我が国と海外の結びつきは一層深くなっている。ここでは、グループ活動で「世界とつながる日本の工業」を調べる。
　例えば次のような内容でのグループ編成が考えられる。

○自動車の輸出の変化と課題
○世界中に広がる自動車の現地生産
○海外の自動車工場のようす
○日本の現地生産工場の変化
○日本の主な貿易相手国
○日本の主な輸入品・輸出品
○東アジア諸国での海外生産の変化
○円安で進む生産工場の日本回帰

　このようなグループを編成して、それぞれの内容に応じて追究する課題を発見して、主体的・協働的に学習を進める。すると例えば次のような内

容で追究することができる。

▶日本の主な輸出品と輸入品のグループ

我が国の1980年の輸入額は約32兆円。2012年では約71兆円で2倍以上の増。特に輸入が伸びたのは機械類で、この32年間で約7倍増。また、液化ガスも約3倍増である。

1980年の輸出額は約29兆円。2012年では約64兆円で、やはり2倍以上増えている。特に増えた輸出品は機械類で3倍程度の伸びである。また、自動車も2倍近く伸びている。

こうして輸出品、輸入品をみるとパソコン関連品を中心とする機械類の取引きが活発化していることがわかる。

工業生産でよく使われる原料は海外からの輸入に依存している。鉄鉱石は100%、石油は99.8%、石炭は99.3%、天然ガスは97.0%が輸入である。こうした原料の多くは船で国内の港に運ばれてくる。

輸入品のうち、新鮮さを必要とする食料品や値段の高い小型の品は航空機で運ばれてくる。したがって貿易額でみたランキングでは成田国際空港が第1位になる。以下に名古屋港、東京港、横浜港、神戸港と続く。

▶「円安で進む生産工場の日本回帰」のグループ

2011年11月に1ドル＝80円だった為替が、2014年12月に1ドル＝120円になった。円安が進めば、国内生産のほうが利益を得られる。経済産業省の白書によると海外工場を持つ738社のうち98社（13.3%）がこの2年間で国内生産に戻した。

日本での工業生産は人件費などの増加によりコスト高や円高による影響で、1990年頃から海外へ生産拠点を移した。特に中国をはじめ、マレーシア、フィリピン、インドネシアなどの国々への移転が多かった。しかし、「品質や納期で課題があった」「国内生産でも採算が確保できた」「海外での生産コスト上昇」などの理由から、国内回帰の動きが目立ってきた。アクティブ・ラーニングではこうした最新の動きにも注目したい。

⑽ 小単元「これからの工業生産」

「これからの工業生産」を討論する学習活動
▶工業生産額の変化

　我が国の工業生産は、「軽薄短小」から「重厚長大」へと変化してきた。1935年の工業生産額は、せんい工業、金属工業、化学工業、機械工業の順だった。各地の織物の工場地帯は活気を呈していた。1960年は、機械工業、金属工業、食料品工業、せんい工業の順。そして、2011年は機械工業、化学工業、金属工業、食料品工業の順である。重工業化が進んだ。

　これから、日本の工業生産をどのように進めていけばいいか、学級内で討論会を実施する。

　そのために、これまでの我が国の工業生産の移り変わりを議論する。

○なぜ、せんい工業などの軽工業の割合が落ちていったのか？
○どうして、機械工業や金属工業などの重工業がさかんになったのか？
○海沿いに工業のさかんな地域が多いのはどうしてだろう？
○工業のさかんな地域が太平洋側に多いのはどうしてだろう？

▶2050年の予測

　日本の工場の数は1990年をピークにして年々減少してきた。今では、1990年の約半分にまで減少した。大工場が海外移転したことにより、中小工場の数も減ってきたのである。

　その一方で、隣りの中国では、目まぐるしく工業生産の成長を遂げている。人件費が安く、多くの人口をかかえる中国では、いくつもの課題をかかえつつも今後しばらく成長が続きそうにも見える。また、他のアジアの国々でも、ますます工業が発展しそうだ。

　現在、我が国の小中学校で学ぶ子どもたちは約1000万人。それが、10年後には1割減少して900万人になる。子どもの数が減るということはやがて生産年齢人口も減少する。我が国は、急速な少子高齢社会に向かっているのである。

このような状況を見て、イギリスのエコノミスト誌の『2050年の世界』（文藝春秋社刊）はこれからの経済力を次のように予測する。

2010年のアメリカを100とすると、日本の経済力は71.8でアメリカの約7割程度の経済力を持っている。それが2050年には、58.3にまで低下する。ちなみに、2010年のドイツは76.2で、2050年は87.7に増加。フランスは72.1から75.2へ、イギリスは73.9から71.1への変化である。

一方、韓国は2010年に63.1であるが、2050年には105.0に増え、アメリカの豊かさを上回る。また、中国は15.9から52.3へロシアは33.5から71.9へと成長する。

▶これからの日本の工業

では、これからの日本の工業はどのようにしていったらいいのか討論する。例えば、次のような意見がかわされる。

○日本のモノづくりの伝統をさらに生かす

○物理、化学のノーベル賞の研究成果を生かす

○クールジャパンのように日本のよさをアピールする

○2019年のラグビーワールドカップや2020年の東京オリンピック・パラリンピックの機会に宣伝する

○海外企業が日本で生産しやすいように規制緩和する

○長命の日本人にふさわしく、定年を70歳までに延長する

○勤勉な日本人にふさわしい工業製品をつくる

○小回りの利く町工場の良さを生かして、他国に真似できない品を作る

○外国との交流をさかんにするため大型空港を開設する

○外国に近い沖縄県の立地を生かし、アジア各国と貿易する

アクティブ・ラーニングで、子どもたちが、日本の工業を主体的・協働的に調べ、自分の考えを積極的に出し合う。このことで、PISA型学力が向上し、国際社会で活躍する日本人の育成につながる。

(11) 小単元「情報を伝える人々」

① 情報社会を体験する学習活動

▶2011年3月11日

　東日本大震災発生の日。全国の教師は、それぞれの場にいて、確実な情報の入手がいかに大切であるか痛感した。私は、発災時刻の午後2時46分、皇居近くの九段会館2階にいた。古い建物は大きく揺れてシャンデリアが天井にぶつかり、隣のフロアで2階が落ち多数の死傷者を出した。

　九死に一生を得た私は、銀座の泰明小学校に戻り陣頭指揮を執る。その経緯は、拙著『平成の学校づくり』（第一広報社）で詳述した。泰明小学校の子どもは10種の交通機関を使い広範囲の地域から通う。保護者は近くにいない。やがて多数の帰宅困難者が銀座地区内から流入すると予測される。

　このような条件の中で、私は教職員に都心の情報、銀座地区の情報を集めさせた。また、学校で待機する子どもたちの状況を伝えるように指示した。しかし、確実な情報は入手しにくい。各種交通鉄道の運行、代替バスの走行、道路の混雑、東京湾の津波、校庭下を走る東京メトロ「丸ノ内線」からの洪水、帰宅困難者の動向、引き取りに来校する保護者の状況、校舎内外の破損、電気・水道・電話などの使用見通し、役所からの応援派遣など、入手したい情報はたくさんある。しかし、情報が伝えられていなかったり断片的であったりした。正確な情報の重要性を痛感した。

　情報社会の中で生きる私たちの弱点を突かれた。それでも、人間はこれまでの経験をもとに本能的に行動する。私の友人の校長は東京ディズニーランドから、バスを土地勘のある公共施設へ回し、子どもたちに水とトイレと安息の空間を与えた。3月11日に私と国会議員会館まわりの行動をともにしていた札幌市の校長は少しでも北海道に近づくため羽田空港へ急ぎ、段ボール1枚で寒さをしのいで空路帰還した。

▶情報を入手する手段

　現代人は、多様な手段で情報を入手する。国内ニュースを入手する手段

について100名あたりの数を総務省が調べた（2012年）。テレビ92名、新聞・雑誌60名、インターネット57名、ラジオ25名の順である。現代の若者は、インターネットのニュースに接している。

　ヤフーニュースのトップページに13.5文字の見出しが出れば、大きなインパクトがある。新聞の1面トップ記事の見出しと同様である。いずれ、インターネットニュースが、他のメディアを席巻していく時代になる。

　小学校5学年の子どもたちが、家庭においてニュースに接するのはテレビが多い。朝のダイニングキッチンでは、時計代わりにテレビ映像が流れる。家族とともに大急ぎでパンを流し込む子どもたちにも、気象情報とニュースのタイトルが目に映る。関心のある内容を、親に質問する。子どもでも環境を整えれば大人なみの知識をもつ。進学教室での時事問題解説集は、大人でも解けないほどのハイレベルさをもつ。

▶気象情報に接する体験活動

　テレビからの情報入手の事例として「気象情報」を取り上げる。新聞のテレビ番組表を見ると、NHKのニュースと気象情報がしばしば放映されている。一方、民放では、ニュースやワイドショーの中に「お天気コーナー」が組み込まれているので、番組表からはわかりにくい。

　NHKのニュースは早朝から放映されている。ニュース番組の編成表では、定期的に気象情報を流すように組み込まれている。特に、午前6時台、7時台の出勤前には、しばしば気象情報が繰り返される。

　気象情報では、刻々と変化する大雨、大雪、暴風、洪水、波浪、雷雨、高熱などの各種警報・注意報、地震に伴う津波情報、台風接近情報、竜巻発生情報、火山活動情報などが重要である。それに加えて全国の天気概況、各エリアでの天気予報や降水確率、最高気温・最低気温、風力と風向、湿度、干潮・満潮などの気象情報がある。さらに花粉情報や洗濯情報、桜の開花情報、観光地情報、外国の天気予報などもある。

　子どもたちがこうした気象情報を新聞記事や録画したニュース番組で調べ、現代社会ではさまざまな面から情報が伝達されていることをとらえる。

② 番組を作る学習活動

▶情報を伝えるニュース番組

　午前4時のNHK報道ステーション。夜明け前の建物にこうこうと電灯がともり、それぞれのフロアでスタッフが忙しく働く。ニュース担当のアナウンサーは原稿の下読みをしている。制作者は番組編成を秒単位で最終調整をしている。

　時は1989年7月28日（金）。私は取材のために東京渋谷のNHK放送センターに来ている。渋谷のビジネスホテルに泊まり早朝のNHKを訪ねた。午前6時開始のニュース番組の取材と、6時担当の37歳の川端アナ、7時担当の中堅の松平アナ、お天気お姉さんへの取材のためである。

　放送を終えた松平アナから、「カメラを凝視しすぎると視聴者は圧迫感を感じる。また、原稿に目を落とし過ぎてもいけない。ソフトにほほ笑むような表情で、日本人が好感を抱く距離感がもてるように努力している」という主旨の話を聴いた。まさに情報を伝える人の工夫であった。

▶現在のニュース番組

　現在のNHKのニュース番組は、「おはよう日本」として平日が午前4時30分～午前8時、土曜日が午前6時～8時、日曜日が午前7時～7時45分の放送である。かつて午前6時前は「明るい農村」のような番組しかなかったが、今では午前5時前からニュースを伝えている。早朝出勤の視聴者にも便利になった。

　「おはよう日本」のホームページにアクセスすると、「これまでの放送」のページで過去3年間分の特集や「まちかど情報室」を見ることができる。ここにアクセスすれば、情報にかかわる教材が見つかるかもしれない。

　NHKでは、「みなさまの声」として番組への意見を募集している。2015年7月27日から8月2日の1週間で、受付件数は23857件。反響の大きい番組のベスト10を発表している。ちなみにこの週の1位はFMラジオの「歌謡スクランブル」。以下は「国会中継」「甲子園野球大会」「あさイチ」「ニュースウオッチ9」の順である。

　ちなみに再放送希望の最も多かった番組は7月9日放送の「ためしてガ

ッテン　高血圧を撃退　塩を減らさないハッピー減塩法」である。NHK
では。こうした声を参考にして番組を作ったり再放送したりしている。他
の民放各社も同様であろう。

▶ニュース番組作り

　テレビのニュース番組は、〈①情報を集める〉、〈②情報を選ぶ、編集す
る〉、〈③情報を伝える〉の3つの段階を経てつくられる。作業学習では30
分のニュース番組を編成する活動を組む。

　例えば次のようなニュースがあったとする。これをグループ学習で10
分のニュース番組として編成し、台本を作成する。

①桜島火山で大きな噴火が起きた
②アメリカ大統領と中国国家主席が会談した
③イチロー選手が安打数世界新記録を達成した
④台風15号が、明朝紀伊半島に上陸する可能性がある
⑤東京新宿区で殺人事件が発生し、容疑者を指名手配する
⑥明日の天気予報　晴れ時々曇り
⑦今年の米の収穫は平年並みになりそう
⑧釧路港から秋を告げるサンマ漁の水揚げが始まった
⑨小学校1年生から外国語活動を始めるというプランが浮上する
⑩大相撲10月場所まであと3日、横綱の調整ぶりを取材する
⑪東京オリンピックに向けて選手強化予算が20％増えそう
⑫総理大臣が来月カナダに外遊することが決定する
⑬都内の中学校で自殺。交友関係のもつれの疑い
⑭小学生お手柄。池に落ちた幼児を助ける
⑮近頃流行する新型自転車の工場を訪ねて

　実際のテレビのニュース番組は、秒単位で制作する。番組制作者は、放
映直前まで手直しをして、よりよいニュース番組にするために努力する。

　番組を制作した体験から、子どもたちは事実を選択する際にも制作者の
意図が反映することを学ぶ。その一方で、事実を正確に伝える重要性を再
認識する。

⑿ 小単元「広がる情報ネットワーク」

「情報社会と国民生活」を作業で調べる学習活動
▶学習指導要領のねらい

　本単元では「情報化した社会のようすと国民生活とのかかわり」について学習する。学習指導要領解説「社会編」では「情報ネットワークを有効に活用して公共サービスの向上に努めている教育、福祉、医療、防災などの事例からいずれかを取り上げ、多種多様な情報を必要に応じて瞬時に受信したり発信したりすることができる情報ネットワークの働きが公共サービスの向上のために利用され、国民生活に様々な影響を及ぼしていることを具体的に調べることである」と述べる。

　10年前、iPadもスマホも無かった。駅のパスモもまだまだ進化途上だった。しかし、時を経て時代は変わった。ここに書かれた事例は、いたるところで見られるようになった。

▶図書館の情報ネットワークを調べる作業活動

　アクティブ・ラーニングで「情報社会と国民生活」を調べるために、作業活動のグループ分けをする。「解説編」で示している事例を参考にする。教育、福祉、医療、防災、その他の5つのグループである。

　教育では、学校図書館や地域図書館の情報ネットワークを調べる。かつては、図書館の本の貸し出し業務は時間がかかった。貸出カードに氏名を記入し、そのカードを図書館で保管する。2週間後に本を返却して、カードによる手続きをすまして終了という仕組み。近年、バーコード導入で、図書館担当者が一冊ずつ読み取って手続き終了というシステムになった。

　さらに最新の図書館では、借りた本を自動貸し出し機に置いただけで、瞬時に貸し出し本の一覧が印字されて手続きが完了する。わずか30秒である。返却するときもボックス口に入れるだけである。だから図書館窓口にいる係員の数がぐっと減った。

　この仕組みは、商店でも導入される。買ったパンを機械に置くだけですぐに計算する。数枚の衣料品を買って置くだけで瞬時に読み取る。消費者

はレジカウンターで待たされる時間がぐんと短縮される。

　地域図書館は情報ネットワークで結ばれている。自宅近くの図書館に欲しい本がなくても、他の図書館から取り寄せてくれる。また、国会図書館や大学図書館とも結ばれ、本や資料を取り寄せることができる。

　国立国会図書館には数々の貴重な書籍や資料が完備してある。これまでは、直接出かけ、利用者証を作成して手続きを経た上での閲覧だった。それが電子化したシステムの導入で、一層利用しやすくなった。こうした情報ネットワークの仕組みが公共サービスの向上に役立っている。人々は、図書館を一層身近に感じることができる。

▶その他の情報ネットワークを調べる活動

　情報ネットワークを利用して、医師や患者の負担を減らそうという取り組みも増えている。いつも通う病院での診療記録が別の病院での診療に生かされることで、医師も患者も時間の節約になる。カルテを電子化することで、それぞれのいる機関が情報を共有化する。このことで、評判の悪い「待ち時間3時間、診療3分」という状況を改善することができる。

　情報ネットワークで防災に関する活動も充実しつつある。例えばゲリラ豪雨や竜巻の警戒情報発令のシステムも以前よりずっと充実した。たくさんの観測ポイントからの情報を集め判断を下す仕組みが向上したことにより、「早く確実に」警戒情報を出すことができるようになった。

　子どもが作業活動で、情報ネットワークのようすを調べる。実際に地域図書館で本を借りたり、病院に通う高齢者に取材したりして、その内容を作業学習として社会科新聞にまとめる。

　新聞を書くという作業を通して、子どもたちが主体的に課題にアプローチしようとする。そして、情報社会が国民生活に与えている影響について学級で協働的に学ぶようになる。

⑬ 小単元「森林を守る人々」

①「森林保全」を討論する学習活動
▶国土の開発

　日本列島は森林に覆われている。国土の66.3％が森林、農地が12.1％で全体の約8割を占める。ちなみに住宅地などが5.0％、道路が3.6％であり、大部分を緑の樹木や作物が占めている。これだけ豊饒の緑に覆われている国は世界的にも珍しい。

　しかし、国内の山間僻地や半島、島に住む人々などは交通アクセスが不十分で、不自由な生活を強いられている。だから我が国は、近代国家スタート以来、ずっと国土の均衡ある発展を目指して鉄道や道路、港湾などの整備を行ってきた。1本のトンネルの開通は、通勤・通学、買い物や病院通いなどの利便性を高め、人々のくらしを格段に豊かにさせる。

　また、大都市近郊では宅地を求めて丘陵地帯や河川沿いまで開発し、大規模なニュータウンが開かれた。交通機関も整備し、地方から都市部に移動してきた人々が住宅を得て、新たな都会人として戦後日本の復興を支えた。

　こうして住宅開発の進んだ横浜市や神戸市、広島市や北九州市などの大都市は、多くのがけ崩れ危険地域を囲い込むようになった。住宅地を求めて都市は肥大化する。人間の英知を越えたところに自然の猛威が襲う。自然と人間の生活との調和は大きな課題になっている。

▶森林の働き

　森林にはさまざまな働きがある。木材を生産する、生き物のすみかになる、水を蓄える、風を防ぐ、崖崩れや山崩れを防ぐ、空気をきれいにする、騒音を防ぐ、振動を防ぐ、栄養分を海へ流し海を豊かにする、人々のいこいの場として供用するなど多様な働きをする。

　森林のある山だと、降った雨の25％は木にとどまる、また35％は地下水として蓄えられる。こうして森林は雨水の6割を山の中に閉じ込める。そこで蒸発する水は15％、表面を流れる水は25％にすぎない。雨水を蓄えて川に少しずつ流し、豊かな恵みをもたらすという「緑のダム」の働き

をする。その一方、森林の無い山だと雨水の5%を地下水として蓄えるだけで、40%の水は蒸発し、降った雨の55%は山の表面を流れ落ちる。

　豊かな森は、雨水を自然にコントロールする。

　山からは絶えず土砂が流れ出す。1ヘクタールの山から流出する土砂の量、豊かな森のある山からは、年間2トンにすぎない。校庭の2倍程度の広さの山からでも軽トラック1杯分程度の土砂である。耕地のある山からだと年間15トン、荒れた山からは307トンもの土砂が流れ出す。4トントラック約80台分もの量である。

▶国産木材の利用の討論

　森林の保全についての討論。テーマは「国産の木材を使うべきか」である。

　ちなみに1970年当時は約2分の1が国内産、2012年は約3分の1にまで減少した。このような実態を踏まえて討論する。

　例えば、2つのグループが次のような主張をする。日本の豊かさの維持、世界の中での日本の責任などに議論が展開するかもしれない。

■国産の木材を使う理由
　　○国内の林業を盛んにする。間伐の仕事をするようになる
　　○国産の木材は品質の良いものが多い
　　○海外の森林の無駄な伐採を防ぐ
　　○森林と人々がかかわりのある生活をするようになる
　　○日本の風土で育った木材の萌芽、日本の気候に適している
■外国の木材を使う理由
　　○木材を安く買うことができる
　　○多様な木材を仕入れることができる
　　○国内の森林をあまり伐採しなくてすむ
　　○相手の国も喜ぶ

　アクティブ・ラーニングでは、子どもたちが自らの生き方が考えられるように、道徳の内容とも関連付けながら討論をさせたい。

② 日本の保護林をグループで調べる学習活動

▶鎮守の杜と日本人

　20年に一度の伊勢神宮の式年遷宮では、社や鳥居を一新する。そこで使う木材は国内各地から集められる。樹齢を重ねた銘木を集めるのは並大抵の苦労ではない。銘木集めの大変さは長野県諏訪大社の御柱（おんばしら）祭をはじめ、各地の祭礼行事でも同様である。

　千数百年も続けてきた神事は、大自然の中で生きる日本人の気質の醸成に影響を与えた。日本人は古来から鎮守の杜を育て、そこを拠り所としてくらしてきた。春日大社や熱田神宮の神域も香取神宮のそれも広大な杜に囲まれている。それは古人（いにしえびと）が大切に育んできた森林である。戸隠神社でも羽黒神社でも鬱蒼の大杉が境内にそそりたつ。

　また、国会議事堂内の前庭には、全国それぞれの「県の木」が植樹されている。北海道から沖縄県へ順に遊歩道を通り、47本の「県の木」を見学できる。東京の子どもは、中ほどにある「イチョウ」を見て東京の木であることに改めて納得する。「キタヤマスギ」の美しさにも目を見張る。北の針葉樹林から南の落葉広葉樹へと森林分布もよくわかる。

　さらに、近年と現代の日本人は東京の都心に明治神宮の杜を育てる壮大なプロジェクトを進めている。ただの荒れ地に全国から木を取り寄せて100年後の生態系を考えて作った人工林。そこに多様な生物が棲みつき、「奇跡の杜」は現代も進化を遂げている。

▶国産木材の出荷

　木を育てそれを出荷するには、気の遠くなるような時間が必要だ。だから、昔から「山持ち」のお大尽は、先祖から子孫へと莫大な資本を継承していく財力の保証が必要だった。現在でも、木材の出荷はテマヒマがかかる産業である。国産木材が売れないと、森林の出荷が減少し山が荒れる。

　平均的な植林と木材の期間である。

---

①苗木を育てる……0〜3年　　苗木を種から育て、畑に植え替える
②植林する……3〜10年　　苗木を山などに植える

③雑草等を取る……10〜20年　　成長を妨げる雑草などを取り除く

④枝打ちをする……20〜50年　　節を無くすために下枝を切り落とす

⑤間伐する……20〜50年　　太陽の光が届くように木と木の間を広げる

⑥伐採・運搬する……50〜80年　　木を倒し、トラックに積んで出荷する

▶ 「保護林」を調べるグループ活動

　アクティブ・ラーニングの発展学習として「保護森」を取り上げる。国では区域を定め、自然環境の保護をしている。内容は次の7種である。

①森林生態保護地域……原生的な天然林の保護　　　　　　　　635千ha

②森林生物遺伝子保存森……生物の遺伝資源を保存し将来利用　　76千ha

③木材遺伝資源保存林……林業の樹種や希少な樹種を将来利用　　　9千ha

④植物群落保護森……植物群落や歴史的学術的に価値を持つ個体の維持を
　図る。森林の管理技術の発展研究　　　　　　　　　　　　162千ha

⑤特定動物生息保護森……特定の動物の繁殖地は生息地の保護　　24千ha

⑥特定地理等保護森……特異な地形、地質の保護　　　　　　　　37千ha

⑦郷土の森……森林の現状維持について地元の要望による地域の象徴とし
　ての森林の保護　　　　　　　　　　　　　　　　　　　　　4千ha

　上記の森林生態保護地域は、世界自然遺産である知床、白神山地、小笠原諸島、屋久島をはじめ大雪山、白山、大山、奄美群島など30か所である。

　こうして林野庁は、上記の7種の区分等により全国で863か所968千ヘクタールの区域を保護林にしている。

　各グループでそれぞれの保護林を調べ、国がどのような目的でその政策を進めているかまとめる。ここで調べる7種の保護森から、国がどのような視点から森林保護に取り組んでいるかうかがえる。

　最も広大な保護森は、原生的な天然林である。緑豊かな森林を保護するために、国は多くの費用をかけている。そうした取り組みを調べ、我が国の国土保全のようすをとらえることが大切である。

⑭ 小単元「自然災害をふせぐ」

自然災害を体験的に調べる学習活動

▶災害大国日本

　日本の国土は全世界の0.28％にしかすぎない。しかし、マグニチュード6以上の地震の20.5％は日本で起こる。全世界の災害で受けた被害金額の11.9％が日本の金額である。まさに「災害大国日本」である。

▶我が国の法令で「自然災害」とは

　我が国の法令で「自然災害」とは、「防風、豪雨、豪雪、洪水、高潮、地震、津波、噴火その他の異常な自然現象により生ずる被害」と規定している。

　こうした自然災害は、繰り返し発生する。スイスの保険会社は2013年に世界の都市の自然災害リスクのランキングを発表した。その格付けによると、第1位が東京・横浜であり、以下にマニラ（フィリピン）、珠江デルタ（中国）、大阪・神戸、ジャカルタ（インドネシア）、名古屋と続く。日本の3大都市は6位以内にランキングされている。

　一方、犯罪率や治安などをもとにしたデータでは、日本は世界一安全な国であると海外サイトでランキングされていることも留意しておかなければならない。ちなみに「安全な国」は以下に台湾、香港、韓国である。

▶自然災害の記憶を尋ねる活動

　家の人や学校の先生などに記憶に残る自然災害を尋ねる。多くの大人は、東日本大震災（2011年）や阪神・淡路大震災（1995年）をあげる。

　他にも、三宅島の噴火（2000年）、御嶽山の噴火（20014年）などをあげる人もいるが、台風の記憶は被災地の人々を除いては記憶に残りにくい。

　そこで理科年表をもとに、過去20年ほどの自然災害を調べてみる。台風や大雨による被害が度々起きていることがわかる。

　また自分の住んでいる地域で、これまでどのような自然災害が発生しているかを、役所の発行した冊子などで調べる。すると、過去50年間ほどの記録の中には、自分たちの住む地域でも大きな自然災害が発生していた

事実を見つけるかもしれない。もし、そういう事実を見つけたら、高齢者の方に当時のようすを話してもらう。

　かつて作家の吉村昭は度々三陸地方の沿岸部を訪ね、古老から話を聴いて名著『三陸海岸大津波』を著した。この著作には、かつての三陸大津波の破壊力と甚大な被害の状況がリアルに描かれている。私は、1984年の文庫発売時に本著を読みつつ、田老や宮古などの三陸海岸を歩き、やがて起きるかもしれない大津波の恐怖を漠然と感じていた。そして27年後、人々が「想定外」と言う東日本大震災が起きた。もし、吉村昭が存命していたら、「想定外の津波」と言う人たちを、どう喝破したであろう。

▶土地の記憶をたどる

　「土地の記憶」がある。東京都と神奈川県境を流れる多摩川の流路は見事に蛇行している。昔、多摩川が暴れ川だったときの、土地の記憶である。普段、東海道新幹線や中央線、京王線、小田急線の車窓から眺めるときには感じないが、川沿いに歩いてみれば多摩川の曲りを体感する。

　現在でも、東京都と神奈川県の県境はぐにゃぐにゃしている。東京からみて、川の向う岸に東京都の飛び地がある。神奈川県の土地が東京側にもある。県境が多摩川ですっぽりと区切れているわけではないのである。そのことを、多摩川を挟んで通勤する人は誰も知らない。

　土地は時に、人々に記憶を思い起こさせる。1970年代、大雨で多摩川の堤防が決壊し、川沿いの瀟洒な住宅がいくつも流された。山田太一はその災害をもとに、名作『岸辺のアルバム』を書いた。

　土地に刻まれた災害の記憶は、今回の東日本大震災でも明らかになった。「この土地より下に家をつくるな」という石碑が、現代を生きる人々に警告する。過去の災害は、やがて風化し人々の記憶から薄れていく。それはしかたのないことでもある。そして、「災害は忘れた頃にやってくる」。

　アクティブ・ラーニングによる自然災害の学習は、最終的に身近な足元を見つめ、自分自身を止揚するまでに深まっていく。

（向山行雄）

●●● コラム ●●●　　北　俊夫

最大の要件は授業時数の確保

これまでの学習指導要領には、各教科等の目標や内容について示されてきた。これには学校教育の標準性・共通性を全国的に維持・確保するためという大義名分があった。

ところが、近年、習熟度別学習をはじめ補充学習や発展的な学習の導入、体験的な学習や問題解決的な学習の重視、言語活動の充実、さらにアクティブ・ラーニングなど指導方法に関しても求めるようになった。授業の質を保障するためには必要なことではあるが、問題はそれらの実施の可能性である。

これらの指導方法はいずれも指導時間がかかるところに共通性がある。ところが、取り上げる指導内容はこれまでと変わっていない。特に社会を対象に学ぶ社会科にあっては、社会の変化に応じて新しい指導内容を付け加えることも必要になる。

戦後、社会科が教科として発足した当時は、社会科の授業時数は、6年間で980〜1050時間もあった（5・6年が年間175〜210時間と波形で示されたためにこのような幅があった）。いまでは、低学年の社会科が廃止されたことも加わって、3〜6年の4年間でわずか365時間に過ぎない。

社会科において、体験的な学習や問題解決的な学習といった、子どもたちがアクティブに学ぶ学習を取り入れると、どうしても指導時間が足りなくなる。このことは示されている指導内容が十分に取り上げられなくなることを意味している。本気でアクティブ・ラーニングを実践するとなると、授業時数が足りない。もっと社会科の指導時間がほしくなる。

次期学習指導要領の改訂が話題になっている。社会科は教科目標をあげるまでもなく、これからの社会を担う人間を育てる中核となる教科である。今回、原稿を執筆しながら、いまこそ社会科の教科としての役割を果たすことが重要であること、そのためには授業時数が十分保障されないと、どうしようもないことを痛感した。

アクティブ・ラーニングによる
新しい学習活動

―第6学年―

(1) 6年社会科学習のアクティブ・ラーニング

6年で取り上げられる教材の特質

6年の学習では、これまでの5年と同様に、取り上げられる学習の対象は、主に「わが国」である。わが国の歴史であり、政治である。さらに世界の国の人々の生活が取り上げられる。

これらはいずれも子どもたちの生活と空間的にも時間的にも距離があり、社会科の学習を難しくしている要因にもなっている。3・4年での地域社会を対象にした学習のように、子どもたちが実際に地域に出かけて直接に観察、見学したり調査したりする学習活動が困難になるからだ。中学年のようなアクティブな学習活動が制約される。

こうした6年で取り上げられる教材の特質から、どうしても教科書や資料集などを中心にした学習になりがちである。それらに掲載されているさまざまな資料を活用しながら、調べたり問題解決したりする学習が多くなる。そうした制約のなかで、子どもたちの学習活動をいかにアクティブなものにするかが課題になる。アクティブな学習活動を工夫することは、子どもたちにより主体的、能動的な学習態度を促し、楽しい社会科を展開するために必要であるだけではない。子どもたちがわが国の歴史や政治に対して興味・関心をもち、理解を深めるためにも求められる。

中学校につなげる視点をもって

子どもたちが進学していく中学校の社会科では、より一層教科書を中心にした授業が多くなる。小学校と中学校が連携する観点から、指導内容とともに指導方法において両者をスムーズにつなげる工夫をしたい。

6年で学習する「わが国の歴史」については、中学校の歴史的分野として学習される。「同じことを繰り返すのか」とか「小学校は中学校の薄墨でよいのか」といった指摘もある。6年生はわが国の歴史をはじめて学ぶ子どもたちである。歴史に興味・関心をもち、まずは歴史を学ぶことを好きにする必要がある。そのため、小学校では代表的な文化遺産や人物の働

きをとおして学ぶようになっている。各時代で取り上げる歴史的事象も精選されており、典型的な教材をとおして、重点的、具体的に学ぶ。小学校では通史としては扱わないようになっている。

同様なことは、政治に関する学習においても言える。小学校と同じような学習内容が中学校でも取り上げられる。

6年においては、中学校との接続・発展を意識しつつ、社会科の授業をつくることが重要な課題になる。

アクティブ・ラーニングの取り入れ方

6年の学習においてアクティブな学習活動を取り入れるとき、特に留意したいことは次の事項である。

- 地域に出かけて観察、見学したり、調査したりする活動は自ずから限定される。そのため、年間を見とおしてその実施の可能性がある場面をあらかじめ抽出し、時間的な余裕をもたせておきたい。なぜならば、博物館を見学したり、地域の人から聞き取り調査をしたりすると、どうしても指導時間がオーバーしがちになるからである
- 6年になると、どうしても座学による、静的な学習が多くなる。子どもたちが能動的に取り組むように、歴史学習においても、問題解決的な学習を基調に展開し、話す活動や書く活動を中心にした表現活動を多く取り入れるようにする。発表する、報告する、討論するといった活動やさまざまな形態の表現物にまとめる作品づくりは特に効果的である。その際、作品（表現物）をつくることが目的にならないよう、作品を作成したあとの学習活動を計画しておきたい
- ICTを活用した授業を進めることが求められており、歴史学習では歴史博物館や文化財を保管している施設などのホームページにアクセスして情報を収集する活動を積極的に推し進めたい。また、自分たちの調べたことや考えたことなどを、対象を特定して伝達・発信することも考えられる。その際、情報を活用・発信するときのルールやマナーをしっかり指導する

(2) 小単元「縄文のむらから古墳のくにへ」

① 郷土資料館を訪ねて歴史に関心をもたせる学習活動

▶歴史へのいざない

　子どもたちはこれまで歴史に関して、古い道具や地域の年中行事などをとおして昔の人の暮らしに触れたり、用水などをとおして地域の開発に尽くした先人の働きを学んだりする機会はあったものの、「わが国の歴史」について学ぶのははじめてである。そのため、不安な気持ちでいる子どもたちも多いことだろう。歴史の学習ではいろんなことを覚えなければならないと受けとめている子どももいるかもしれない。こうした不安感を払拭し、これからはじまる歴史の学習に興味・関心をもたせるために、郷土資料館や博物館を見学する機会を設けたい。

　全国各地に、国立や県立の博物館や市（区、町、村）立による郷土資料館がつくられている。私立のものもある。これらの施設が子どもたちの身近なところにもあるに違いない。4月のできるだけ早い時期にこうした施設を訪ね、歴史にいざなう機会にしたい。

　「いざない」とは「誘い」と書く。誘い連れ出すことである。郷土資料館などを訪れるときには、この場合特に事前指導などいらない。「あす、近くの郷土資料館に行ってみましょう」と問いかけるだけでよい。

　郷土資料館では、どのようなものが、どのように展示されているか。多くの施設では、入口から入ると、縄文・弥生の古い時代から現代まで順に展示されている。これらを見ながら、昔に思いを馳せ、昔のことを想像してみるだけでもよい。

▶歴史を学ぶ楽しさを知らせたい

　見学したあとには、教師は次のような話をする。

　　今日は、この地域に残されている昔のものや、かつてこの地域で活躍した人たちのことについて、いろんなものを見てきました。歴史の学習は、こうした昔の人たちが残してくれたものをとおして学んでいきます。昔からのものには、道具や建物、文書、絵画、写真など有形なものと、祭りや

習慣、文化財、年中行事など無形なものがあります。郷土資料館や博物館は、私たちを歴史に誘ってくれます。いろんなことが学べる、楽しいところです。

これを聞いて、子どもたちが「歴史の学習は楽しくなりそうだ」と感じてくれれば、それで十分である。

郷土資料館では、掲示物などを利用しながら、歴史の学び方を知らせることもできる。

歴史を学ぶとは、先人が残したものをとおして、後世の人がその人物のことや、その人物が生きていた時代を想像することである。そのため、何をもとに考えるかによって、結果が大きく変わってくることがある。また新たなものが発掘などされると、これまでの解釈や定説が変わることがある。必ずしも「絶対はない」というところが、歴史の面白みでもある。

かつてわが国で最も古いお金は「和銅開珎」だといわれた。ところが、近年、奈良の飛鳥池遺跡で「富本銭」というさらに古いとされるお金が発見された。また、最近、これまで定説とされ、教科書でも馴染んできた、聖徳太子や源頼朝の肖像に対して異議を唱える研究者が出てきた。

折にふれて、歴史を学ぶ楽しさを子どもたちに知らせていきたい。

▶歴史の基礎的知識を習得させる

歴史学習のスタートに当たっては、歴史を学ぶとき必要となる、次のような基礎的な知識を身につけさせたい。

- 時代（年号）は、古い順に「縄文」「弥生」「古墳」「飛鳥」「奈良」「平安」「鎌倉」「室町」「安土桃山」「江戸」「明治」「大正」「昭和」、そして「平成」の順で名づけられている
- できごとがいつのことかを表すときには、主に「西暦」が使われる。「年号」で表すこともできる
- 100年ごとのまとまりを「世紀」という。現在は21世紀で、2001年から2100年まで。2000年はまだ20世紀だった。間違いやすいところだ

②「遺物」から社会のようすを想像する学習活動

▶これまでの学習スタイル

縄文時代や弥生時代のこれまでの学習を振り返ると、多くの実践において次のような傾向がみられた。まずそれぞれの時代の「想像図」を示し、それをもとに人々はどのような暮らしをしていたかについて話し合われた。「想像図」には衣食住、仕事の観点から1つのまとまりのある集団が描かれている。具体的に描かれていることから、子どもたちは親しみをもって「想像図」を食い入るように見る。教師が縄文と弥生の両時代を比較させながら読み取らせていくと、社会のようすの違いもとらえやすい。

その結果、次のような過ちを起こす場合がある。それは、縄文時代は狩りや漁や採集が行われた時代であり、弥生時代は米づくりを行っていたというステレオタイプの見方である。時代が突然変わったように受けとめてしまう子どもも少なくない。弥生時代になっても、狩りや漁や採集が行われていたことを、遺跡からの発掘物などをもとに指導したい。

さらに問題になることは、「想像図」にもとづく時代像、社会像を形成していることである。子どもたちに示された「想像図」はある作家の作品であり、イメージである。その内容が子どもたちに画一的に形成されるとすればこのような指導は問題ではないか。

小学校の歴史学習では、教科書や資料集などに「想像図」が割合多く掲載されている。こうした工夫は確かに親しみをもたせる効果はあるものの、こうした傾向を問題視する研究者もいる。

▶道具の「遺物」を見て、社会を想像させる

誰かが描いた世の中のようすをもとに「どのような社会だったのか」を読み取るのではなく、当時のものとされる発掘された道具など（写真や絵でもよい）をもとに、子どもに社会のようすを思い思いに想像させる。そして、そのイメージを描かせる方法がある。これまでとは逆の発想である。このことによって、歴史学習がよりアクティブに展開されると考える。

縄文時代を例にすると、次のような手順で進める。

V アクティブ・ラーニングによる新しい学習活動──第6学年── 135

---

① 縄文時代とされる遺跡で発掘された遺物のレプリカ（複製したものや模型）又は絵を示す。例えば、矢じり、つりばり、もり、石おの、石のナイフ、縄文土器などが用意できればよい

② 1つ1つを取り上げながら、次のことについて想像し話し合う
  ・何に使われたものか
  ・どのように使われたのか
  ・材料は何かなど

③ 当時の人々のごみ捨て場であった貝塚の写真を見て、どのようなものが捨てられたか、読み取る。例えば、貝がら、魚や動物の骨、土器のかけらなどに気づかせたい

④ 発掘された道具や貝塚に捨てられたもの（イラスト）を見て、当時の社会はどのようなようすだったかを想像する

遺跡から発掘された道具をイラストで示す ・矢じり、つりばり、もり、石おの、縄文土器など	貝塚に捨てられたものをイラストで示す ・貝がら、魚や動物の骨、土器のかけらなど

⑤ 想像したことを絵に表し、色を塗る

⑥ 「私の想像図」の説明文を書く

⑦ 教科書や資料集に描かれた「想像図」と比べる

---

④では「なぜそのような絵になるのか」を強く意識させる。ある実践では、女の子を描きはじめたとき「当時の子どもの髪型はどうだったのかな」とつぶやく子どもがいた。実際に描きはじめると、わからないことがたくさん出てくる。正しく描けないところがあることに気づくことが、さらなる調べる活動に発展していく。

(3) 小単元「奈良の大仏と聖武天皇」

実物大で描き表す学習活動
▶なぜ大仏の大きさを実感させるのか

　奈良時代の学習では、多くの場合奈良の大仏と聖武天皇が取り上げられている。いまや奈良時代を学習する定番メニューである。本小単元の学習問題は「聖武天皇はなぜ奈良の大仏をつくらせたのだろうか」が一般的である。あるいは「聖武天皇はどのように奈良の大仏をつくらせたのだろうか」というものもある。いずれにしても、この時代は「天皇中心の政治が確立した」ことをとらえさせるところにねらいがある。

　ここでは、奈良の大仏の大きさを実感させることによって、「聖武天皇はこんなに大きな大仏をなぜ（どのように）つくらせたのか」という学習問題を導き出すことができる。「こんなに大きな」がポイントである。子どもたちにとっては、大きいことが意外な事実である。

▶大きさを実感させるアイデア

　大仏の大きさは、創建時、座高の高さに台座の部分を入れると、18.8メートルにもなる。これはおよそ4階建ての建物の高さに相当する大きさである。この数字を示すだけでも、大仏の大きさを想像することができるが、大きさをさらに実感させるには次のような方法がある。

　その1つに写真の活用がある。大仏だけが写った写真では大きさを実感しにくい。大きさは何かと比べることによって明白になる。例えばお身ぬぐいの場面の写真がある。これは1年に1回行われる大仏の大掃除のことで、僧侶が手の上などに登って大仏を綺麗にする作業のこと。写っている成人と比較しながら、大仏の大きさを実感できる。

　いま1つの工夫は、大仏を実際に描かせることである。模造紙や新聞紙を張り合わせて、大仏の全体像を描かせた実践もあったが、これではあまりにも時間と労力がかかりすぎる。

　大仏の部分を描くことによって、大仏の大きさを十分に実感させることができる。顔の左右にある耳の大きさは、縦の長さが2.5メートルもあ

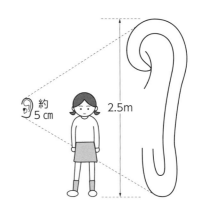

る。子どもの場合にはわずか5センチメートル程度だろうか。目は左右の長さが約1メートル。中央にある眼球は人が横になって通れる大きさである。大仏殿には同じ大きさをくり抜いた柱があり、人が横になって抜けるようになっている。

　授業の場面では、耳だけを描かせる。目だけでもよい。人間の耳や目と比べることによって、十分大きさを実感させることができるからだ。校庭に大仏の手のひらを実物大で描かせてもよい。手のひらの大きさは、3メートル13センチメートルもある。子どもが実際に何人乗れるか。何人寝そべることができるか、試してみるのもよい。

　頭にはドッジボールのような丸いものがある。髪の毛をぐるぐる巻いたもので、「螺髪（らほつ）」といわれるものである。1つの高さが約36センチメートルもあり、実際のドッジボールよりも大きい。これが頭に996個も取り付けられている。

　このように、大仏の全体でなくても、1つの部分を取り上げることで、少ない時間で大きさを実感させることができる。

　ここでの重要なポイントは、1つのパーツ（部分）から、想像力を生かして全体の大きさを連想させることである。

　大きさを実感したとき、子どもたちのなかに「聖武天皇はこんなに大きな大仏をなぜ（あるいはどのように）つくらせたのだろうか」という学習問題が生まれてくる。

(4) 小単元「貴族の生活」

調べたことを図表に整理する学習活動

▶「生活」の概念を押さえる

　平安時代に関しては「貴族の生活」を中心に調べ、「日本風の文化」が起こったという時代の特色をとらえさせるところにねらいがある。従来のように摂関政治については必ずしも扱うようになっていない。

　これまでの社会科などの学習において、子どもたちは「暮らし」や「生活」といった言葉をたびたび使用している。例えば、3年では「古い道具」をとおして昔の暮らしを考え、4年では県内の特色ある地域の人々の生活を調べてきた。5年では国内の自然条件から見て特色ある地域の人々の生活を学んできた。6年でも縄文時代や弥生時代の暮らしについて見てきた。暮らしや生活にかかわる学習は、各学年のさまざまな場面で繰り返し行われてきた。

　ここでは歴史学習として「貴族の生活」が取り上げられるが、改めて「生活とは何か」「生活をどうとらえるか」を話題にし、ここでいう「生活」の概念を確認させておきたい。一般に生活とは、衣食住を指し、さらに仕事や楽しみ、年中行事などを指している。ここでは、これらのことを貴族に焦点を当てて調べることになる。

　なお、「文化」という用語は極めて大きい概念である。生活に加えて、学問や宗教、政治、習慣など多様な要素を含んでいる。

▶ 観点ごとに調べ書き込んでいく

　「平安時代の貴族はどのような生活をしていたのだろうか」を学習問題に調べていく。ここでは、住まい、食べ物、衣服、楽しみ、仕事、文学の各観点（調べる窓口）を設定する。すべての子どもに「生活」を構成する観点を調べさせることもできるが、観点ごとに分担して調べさせることもできる。自分たちが調べる観点はグループごとに決めさせても、子どもの希望を尊重してもよい。いずれにしても学級全体ですべての観点が分担されるようにする。

Ⅴ　アクティブ・ラーニングによる新しい学習活動──第6学年──　139

　下のような枠組みの表を書いた模造紙を用意して、調べてわかったこと
をそれぞれが書き込むことができるようにしておく。

学習問題「平安時代の貴族はどのような生活をしていたのだろうか」						
	住まい	食べ物	衣服	楽しみ	仕事	文学
調べたこと						
特色は何か						

　表の下段に示した「特色は何か」とは、それぞれの観点について調べた
ことをとおして「平安時代の暮らしにはどのような特色があるといえるの
か」を端的な言葉で言い表すものである。これは調べた「観点から」とら
えた時代像である。

▶平安時代の特色をとらえる

　完成した表を見ながら、「貴族の生活」をとおして見た平安時代の特色
を考えさせる。その際、各観点にほぼ共通していることは何かを考えさせ
ると、見いだしやすい。例えば「日本的だ」「和風である」など、子ども
らしい言葉を期待したい。子どもたちから多様な意見が出されたあとに、
「日本風の文化」が起こった時代であることを教師が示してもよい。

　また、奈良時代は大陸文化の影響を受けたことを振り返り、奈良時代と
比較させると、特色がより鮮明になる。ただ、奈良時代の学習では大仏造
営のようすを中心にした学習が行われており、その際に、仏教の伝来や鑑
真の働きなど、大陸からの影響を受けていたことについて強調しておく必
要がある。

(5) 小単元「武士の世の中へ」

「武士のやかた」の説明を書く学習活動
▶資料を読み取る力を鍛える

　小学校の歴史学習では「想像図」がたびたび登場する。「武士のやかた」の想像図もその1つだ。ここでは、この1枚の絵をもとにアクティブに学ばせる手だてを考える。

　社会科の授業においては、資料から社会的な具体的事実を読み取り、それらをもとに社会的事象の意味を考えさせることを重視する。ここでもこの考え方にもとづいて、資料「武士のやかた」の絵をどう活用するかを考える。

　資料を読み取らせるときには、ただ「どんなことでもいいです。どんなことに気づきますか」と問いかけることも多いが、それでは子どもたちの反応が拡散し非効率的である。子どもたちは何を答えてもよいことになり、かえって不親切である。資料を見る目（視点）をしっかり提示して、それにもとづいてより分析的に読み取らせたい。

　資料「武士のやかた」の想像図を読み取らせるときには、次のような視点を示したい。

・やかたのつくりはどのようになっているか。まずは家に注目させる
・やかたの内外にいる人は何をしているか。次に人に注目させる
・やかたのまわりはどのようになっているか。さらに、やかたを囲んでいる周囲の環境に目を向けさせる

　すなわち、家、人、環境といった視点で事実を読み取らせる。このことによって、資料そのものをより深く読み取ることができるようになる。

　実際には、視点ごとに色分けした付箋を用意し、それぞれに気づいたことをメモしていく。そのことを示す箇所に付箋を添付していく。あるいは、1枚の用紙（B4又はA3の大きさがよい）の中央部分に「武士のやかた」の絵を印刷し、その周辺にメモさせていく方法もある。

V アクティブ・ラーニングによる新しい学習活動──第6学年── 141

下の図は後者の方法にもとづいて作成した作品例である。

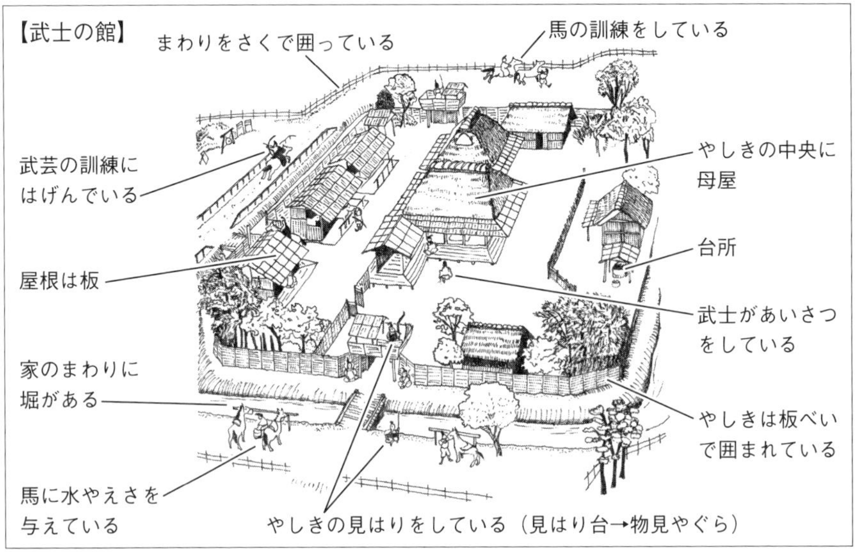

【武士の館】
まわりをさくで囲っている
馬の訓練をしている
武芸の訓練に
はげんでいる
やしきの中央に
母屋
台所
屋根は板
武士があいさつ
をしている
家のまわりに
堀がある
やしきは板べい
で囲まれている
馬に水やえさを
与えている
やしきの見はりをしている（見はり台→物見やぐら）

▶説明文を書くことによって総合する力をつける

　書き出したメモをもとに、この想像図を1枚の看板に見立てて、その説明文を書く。その際、次のような手順で書かせるとよい。

①　この想像図から最も伝えたいことを押さえる。例えば、この時代の武士は戦いに備えて暮らしていたこと、武士は質素な暮らしをしていたこと、貴族の世の中から武士が生まれたことなどが考えられる
②　①のことを説明する事実を描かれている絵の内容をもとに説明する。その際、想像図を読み取るときに設定した、建物や人のようすなどの視点を活用する
③　平安時代の代表的な建物である「寝殿づくり」の貴族の屋敷と比べるようにする。建物のつくりをとおして時代の変化を意識させることができる

　ここでは、発見した1つ1つの事実を関連づけ総合化して内容を構成したり、貴族の屋敷と比較したりしながら、説明する力が求められる。

(6) 小単元「今に伝わる室町文化」

① 身近なところから室町文化をさがす学習活動
▶現在の「和室」の写真を提示する

　金閣は京都の北山に別荘として建てられたもので、金箔がはられている。絢爛豪華できらびやかである。一方、銀閣は同じ京都の東山に建てられた。こちらは山荘である。銀閣といっても銀箔ははられていない。いかにも質素で落ちついた感じがする。

　これまでの実践では、足利義満が建てた金閣と足利義政が建てた銀閣を比較する学習活動がよく行われてきた。ここでは、銀閣の近くに建てられた「東求堂」という建物のなかの部屋を取り上げる。ここから現在の日本風の住居のルーツを感じることができるからだ。

T （東求堂の写真を提示して）これは室町時代に建てられた「東求堂」の部屋です。東求堂は銀閣のそばに建てられています。どこかでこのような部屋を見たことはないですか
C　わー。和室だ。いまの家とはずいぶん違うね
C　田舎のおばあちゃんの家に行ったとき、似たような部屋があったよ
C　ぼくの家には、これに近い部屋があります
C　私の家には、紙でつくった障子という間仕切りがあります
T　いま見ている写真は、いまから500年以上も前の、室町時代につくられた部屋のようすです。このような部屋のつくりを「書院造」といいます。次の写真を見てみましょう。これは、現在のあるお宅の「和室」の写真です。どうですか
C　ほとんど似ている！
C　そっくりだ
T　では、2枚の写真を比べて、どこが似ているか。同じところはどこかを詳しく見ていきましょう

　現在の「和室」の写真を提示するのは、いまでは洋風の部屋が多くなり、

本来の和室に入ったことも見たこともなく、どのようなつくりなのかを知らない子どもが増えてきたためでもある。

▶「東求堂」の部屋と現在の「和室」を比べる

2枚の写真を比べるときには、「いまも見られるものが室町時代にも見られる」といった見方を重視したい。このことによって、室町時代の文化はいまの暮らしに引き継がれていることがわかるようになるからだ。

2枚の写真から特に気づかせたいところは「たたみ」「ふすま」「障子」「違い棚」、そして「床の間」の5つである。2枚の写真でそれぞれ、その場所を確認させる。「たたみ」ぐらいは知っているだろうが、知らないものについては、正しい名称を伝えたい。障子とふすまの違いを知らない子どももいる。「床の間」とは床が1段高くなったところの空間をいっている。

書院造の名前の由来にもなっているのが「付け書院」といわれるところである。「付け書院」とは床の間の脇につくられた机のことで、つくりつけになっている。書院には学ぶところ、書斎といった意味もある。

このように、「東求堂」の部屋と現在の「和室」を比べる学習活動をとおして、室町時代の文化がいまの社会にも引き継がれていることに気づいていく。文化のルーツの一端に触れる機会になる。

▶歴史を身近に感じさせる学習活動を

このあと、「和室のほかに、いまに引き継がれている室町文化にどのようなものがあるのだろうか」と問いかけ、身近なところに見られる室町文化にも目を向けさせる。

ここでは、教科書や資料集などを活用したり、家の人に聞き取りしたりする活動が中心になる。子どもたちからは、水墨画（すみ絵）、茶の湯、生け花、能、狂言、盆踊り、おとぎ草子などの文化を引き出したい。なお、狂言と能（能楽）は、ユネスコによって無形文化遺産に登録されている。

こうした学習活動をとおして、子どもたちは室町文化に興味をもつだけでなく、わが国のよき伝統や文化にも関心をもち、これからも引き継いでいくことの大切さにも気づくようになる。

② 室町文化を体験する学習活動

▶体験を組み入れることのメリットと問題点

これまでも社会科の授業では、子どもたちが室町文化を体験する学習活動が取り入れられてきた。そこでは、次のような成果が報告されている。

・歴史学習で子どもたちが直接体験する機会は少なく、歴史に関心をもたせるうえで効果的である
・日ごろ、茶の湯や生け花を体験することは少なく、学校で直接体験する場を設けることには意義がある
・地域には茶の湯や生け花などの専門家がいる。そうした人たちの協力を得ることができると、基本を押さえた体験ができる
・体験する場では、子どもたちの表情や態度やふるまいがかわり、心の教育にもつながる

一方、歴史学習の場で室町文化を体験させることに対して、次のような問題点が指摘されてきた。

・体験活動を取り入れると、社会科の指導時間が足りなくなる。時間をどう生み出すか
・体験には強烈なインパクトがあり、子どもたちには体験したことだけが心に残ってしまう
・伝統文化教育としては効果的であるが、歴史的事象としての意味や、当時の時代背景などを理解させる、歴史学習として成立させにくい

いずれも深刻な課題である。解決するための1つのアイデアとして、体験活動を社会科の発展的な学習として位置づけることである。室町文化についての学習を終えたあとに、室町文化を体験させるという方法である。具体的には総合的な学習の時間を活用することが考えられる。

総合的な学習の時間は単なる教科の下請けではないことから、子どもたちが問題意識をもって取り組むように、問題解決的な学習過程を構想し、学習活動を組み立てる必要がある。

V　アクティブ・ラーニングによる新しい学習活動──第6学年──　　145

▶「室町体験」の具体的な進め方

　実際の授業で取り上げられる体験は、さまざまな条件を考慮すると、水墨画（すみ絵）、茶の湯、生け花の3つであろう。能や狂言を取り上げた学校もあるが、子どもたちはどうしても見る、聞くといった活動が中心になり、体験する場合には限られた子どもだけになる。

　子どもたちにはすみ絵、茶の湯、生け花のなかから、自分がやってみたいものを選択させる。もちろん3つをすべて体験させることもできる。

　体験する場所はできれば和室の部屋がよい。学校にない場合には、近くの公民館などを利用することもできる。床の間のある部屋が確保されればベストだ。授業では協力していただける指導者も必要になる。地域の公民館などでは、これらの講座を開催しているところもあり、参加している人を指導者として招くこともできる。

　茶器や花、用紙、墨や筆などを準備する。学校として用意するもの（借りてくるものを含む）、子どもが用意するものを明らかにしておく。

　体験する当日までに、自分が取り組みたい体験についてどのように行うのかを下調べさせておくとよい。例えば、準備するものは何か。どのような手順で行うのか。注意することはどのようなことかなど。

　当日は、できれば子どもたちが中心になって次のように進行する。

---

①指導していただく先生への挨拶

②用意したものを確認する

③先生からやり方を聞き、まず見本を見せていただく

④自分たちもやってみる

⑤改善するところを指摘してもらい、再度挑戦する

⑥感じたことなど感想を述べ合う

⑦先生にお礼の挨拶をする

⑧後始末をしっかり行う

　作法は時代とともに変化してきている。またさまざまな流派がある。子どもたちには、細部において多少の違いがあることを伝えておきたい。

(7) 小単元「3人の武将と天下統一」

3人武将について討論する学習活動
▶3人武将の業績を確認する

　歴史の学習が終わってからも、子どもたちが興味・関心をもっている人物に織田信長、豊臣秀吉、徳川家康の3人の武将がいる。ここでは、これらの武将が残した業績をもとに討論する学習活動を展開する。

　討論のテーマは「織田信長、豊臣秀吉、徳川家康のうち、天下統一に最も貢献したのは誰か」である。3人のなかから1人を選んで、その理由を述べながら討論する。

　討論に先立って、まず織田信長、豊臣秀吉、徳川家康がどのような業績を残したか。3人はどのようにかかわっていたかを、教科書や資料集などで具体的に調べさせる。

　調べたことは年表や図表に整理する。その際、横軸に3人の人物名を、縦軸に年代を位置づける。これによって、誰が、いつ、何を行ったかが一目瞭然になる。さらに、歴史を追っていくと、次のような3人のかかわりや共通点が見えてくる。

・3人ともいまの愛知県（尾張・三河）に生まれた
・秀吉は信長に仕え、家康は信長と連合していた
・1575年の長篠の戦いでは、織田・徳川軍として共に協力して武田軍と戦った
・信長を襲った明智光秀を、秀吉がたおした。秀吉の命令で、家康は江戸に移った。秀吉が病死したあと、家康が関が原の戦いで勝ち、その後、江戸幕府を開いた

　信長、秀吉、家康の3人がリレーしながら、天下統一を実現し、江戸幕府を成立させた。

　討論に当たっては、3人の武将のそれぞれの業績とともに、3人のかかわりを復習し、これらのことをきちんと押さえておきたい。

V アクティブ・ラーニングによる新しい学習活動——第6学年—— 147

▶テーマは「天下統一に一番貢献したのは誰か」

本小単元の学習では、これまで終末場面において討論する学習活動が行われてきたが、「織田信長、豊臣秀吉、徳川家康のうち、自分の好きな人物は誰か」「自分だったら誰になりたいか」など、個人的な好みを問題にしていた。そこでは、「鳴かぬなら、殺してしまえ　ほととぎす」「鳴かぬなら、鳴かせてみよう　ほととぎす」「鳴かぬなら、鳴くまで待とう　ほととぎす」といった、3人の性格を象徴している狂歌が活用された。

ここでは、当時の社会的な背景を意識しながら、それぞれの人物の役割を考えることができるように、討論のテーマを「3人のうち、天下統一に一番貢献したのは誰か」とした。その際、のちの時代につくられたものではあるが、「織田がつき、羽柴（秀吉の前の姓）がこねし天下もち、すわりしままに食うは徳川」の歌を提示する。

子どもたちからは次のような反応を期待したい。

- 私は信長だと思います。長篠の戦いで、武田軍を破り、天下統一への足がかりをつくったからです。信長がいなかったら、歴史はまた変わっていたと思います
- 僕は秀吉です。もちを食べられるようにしたのは秀吉だと思います。検地や刀狩のように、世の中を治める仕組みをつくったからです。年表にも、「1590年に全国を統一する」と書かれています
- 僕は家康ではないかと思います。家康が中心だった東軍が「天下分け目」の戦いといわれた関が原の戦いで勝ったからです。また、征夷大将軍になって江戸幕府を開き、全国を実際に支配するようにしたからです

それぞれの子どもにそれぞれ言い分がある。学級の子どもたちを武将ごとに3つのグループに分けて、討論させる方法もある。時々、作戦会議を開きながら、討論を続けさせる。意見が変わった場合には、グループを変えてもよいというルールをつくっておくのも面白い。

このような討論活動においては、安易に結論を出さないほうがよい。子どもたちのなかに余韻が残る終わり方をしたい。

(8) 小単元「江戸幕府と政治の安定」

資料「加賀藩の参勤交代図」を読み取る学習活動

▶参勤交代とはどのようなものだったか

　徳川家光は、武家諸法度を改め「大名は、毎年4月に参勤交代すること」と、参勤交代を制度として定めた。これは大名を1年おきに江戸に来て、幕府に勤めることを大名の義務としたものである。大名が地元に帰っているあいだは、妻や子どもが江戸に移り住むという仕組みである。

　加賀藩を例にすると、金沢と江戸とのあいだは約480キロメートルの道程である。この距離を約2000人が行列を組んで歩いた。壮大な行列が行われたことは容易に想像できる。そのようすは「加賀藩大名行列屏風」に描かれており、教科書や資料集などに紹介されている。

　金沢から江戸までにかかった日数は約13日といわれ、1日に歩いた距離は平均すると、およそ40キロメートルにもなる。かなりの距離である。金沢から江戸に1度行くだけで、食料や宿泊、日用品や衣類、道具などに多額の費用がかかる。加賀藩の場合、いまの金額にして3億とも4億ともいわれている。

　かかった費用などの補助資料も提示しながら、「加賀藩の参勤交代図」をじっくり読み取らせる学習活動を展開したい。そして、参勤交代とはどのようなものだったか。行列の実態をとおして、参勤交代の制度が意図していたことや、当時の時代の様相を考えさせたい。

▶さまざまな「人と持ち物」に目を付けさせる

　資料を丹念に読み取らせるためには、ただ漫然と「どのようなことに気づきますか」と問うて、バラバラな意見を言わせるよりも、資料を見る目の付けどころを指し示したほうがより効果的な読み取りができる。ここでは「人と持ち物」に目を付けさせる。

　「加賀藩の参勤交代図」には、さまざまな恰好をした人たちが描かれている。それぞれ姿も違い、持ち物なども違っている。これがこの資料の面白いところだ。以下、丁寧に見ていく。

行列の並びには一定の順序がある。この図では、先頭を行く人のあとに、先導する村役人、行列を警護する人が続く。次に、行列をアピールする人、履物を持つ人、鉄砲を持つ人、何かのときに交代する人、兜や鎧などの武具を持つ人、弓を持つ人、さらに金庫や道具を入れた箱を担いでいる人が列をなしている。これらの後ろに、馬に乗った殿様がいる。この前後には、殿様を警護する人がいる。そのあとには、殿様が乗るかごを担いでいる人、やりを持った人、代用の馬をひく人もいる。さらに後ろのほうにはかごを担いでいる人たちがいる。かごにはもしものときのためにおかかえの医者が乗っているという。このように行列は営々と続いている。

読み取ったことを行列の順に書き出していくとよい。そのためのワークシートを作成することも考えられる。1つ1つの場面を丹念に読み取らせていくことによって、子どもたちはイメージをふくらませ、行列の長さや街道の賑わいなど大名行列の壮大さを想像していく。当時、地方の大名にとって一大イベントであったことに気づかせていきたい。

▶幕府の意図や時代の様相を考えさせる

資料を丹念に読み取らせることによって、事実の把握が深まってくる。すると、子どもたちは「幕府はどうして参勤交代をさせたのだろうか」「このころはどのような時代だったのか」といった疑問や問題をもつようになる。また「江戸に行くのに、どうして鉄砲や弓をもっていったのか」といった素朴な疑問をもつ子どもも出てくる。ただ何となく漠然と見ていただけでは、こうした問題意識をもつことはない。

徳川家光が参勤交代の制度を定めたのは、大名を統制することにあった。費用がかさみ、藩の負担になったことは子どもたちにも容易に想像できる。幕府と大名の関係がみえてくる。一方、行列に加わった武士に目をやると、そのなかには役割や服装などに違いがあり、これらのなかにも身分の違いがあったことに気づく。身分制度の実態がみえてくる。

大名行列によって街道が整備され、人の行き来が盛んになっていく。タイミングをみて、これらに関連する資料を提示するとよい。

(9) 小単元「町人の文化と新しい学問」

地図帳を活用する学習活動
▶松尾芭蕉の俳句を取り上げる

　本小単元では、町人の文化に関連して、近松門左衛門や歌川（安藤）広重が、新しい学問に関連して、本居宣長、杉田玄白、伊能忠敬が、それぞれ取り上げられている。ここでは、教材の性格上、どうしても歴史資料を活用しながら読み取る活動が中心になりがちである。

　少しでもアクティブな学習ができるように、地図帳を活用しながら、調べてわかったことを白地図に表していく作業的な活動を取り入れる。

　松尾芭蕉は『おくのほそ道』を著した人物。ここでは「松尾芭蕉はどのようなルートを歩いて、俳句を詠んだのだろうか」という学習問題を設定する。芭蕉が詠んだ俳句には地名などが登場しており、その場所が特定できる。場所がわかりにくい場合には、教師が教えてもよい。立ち寄った建物や風景などの写真を提示する方法もある。俳句を詠みながら、その場所を地図帳で確認し、ルートを白地図に書き入れていく。日付を入れるとよい。

▶「奥の細道」のルートをたどる

　芭蕉が旅に出たのは、元禄2年3月（新暦1689年5月）。約150日をかけて、東北から北陸を巡り、岐阜の大垣に到着する。

　元禄2年の春、旅立ちに当たって江戸の深川で「草の戸も住み替はる代ぞ雛の家」と詠んだ。3月27日の出発に際して「行く春や鳥啼魚の目は泪」と詠む。場所は千住。旅立ちの不安が伝わってくる。

　このあとの主な句を資料として紹介する。

○4月1日　「あらたふと青葉若葉の日の光」
　・「日の光」とは日光のこと
○4月19日　「野を横に馬牽むけよほととぎす」
　・栃木県那須町の温泉神社を訪ね、那須与一を偲んでいる
　・このあと、白河の関（福島県白河市）、須賀川（福島県須賀川市）、多

賀城（宮城県多賀城市）、松島（宮城県松島町）を訪ねる

○5月13日　「夏草や兵（つはもの）どもが夢の跡」

　　　　　　　「五月雨の降り残してや光堂」

　・光堂とは平泉の金色堂のこと

○5月27日　「閑さや岩にしみ入る蝉の声」

　・山形の立石寺（山形県山寺）を訪れたときに詠んだ句

○5月29日　「五月雨をあつめて早し最上川」

○6月5日　「涼しさやほの三か月の羽黒山」

○6月6日　「雲の峰いくつ崩れて月の山」

　・最上川は新庄。羽黒山、月山、湯殿山は信仰の山・出羽三山

　○6月14日　「暑き日を海にいれたり最上川」

　　　　　　　「あつみ山や吹浦かけて夕すずみ」

○6月16日　「象潟（きさがた）や雨に西施（せいし）がねぶの花」

○7月4日　「荒海や佐渡によこたふ天の河」

　・越後（新潟県）での句。佐渡島が見える位置にある

　・このあと、親不知、子不知の難所を経て、市振（いちぶり）の関、越中（富山県）
　　に入る

○7月14日　「わせの香や分入（わけいる）右は有磯海（ありそうみ）」

　・越中・那古の浦で詠んだ句。現在、北陸自動車道には「有磯海サービ
　　スエリア」がある。

　・このあと、金沢に7月15日から24日まで滞在し、加賀・片山津へ

○7月27日から8月5日　「山中や菊はたおらぬ湯の匂」

○8月5日　「石山の石より白し秋の風」

　・小松に向かう途中、奇岩で有名な那谷寺を訪ね、参拝している

○8月6日、7日　「しほらしさ名や小松吹萩すすき」

　・山中温泉から小松に戻っている。このあと、熊谷山全昌寺（加賀市大
　　聖寺）、吉崎御坊（福井県あわら市）を経て敦賀を目指す

○8月14日ごろ　「名月や北国（ほっこく）日和（びより）定なき」

　・敦賀での句。名月を見ることはできなかった

○8月21日ごろ　「蛤のふたみにわかれ行く秋ぞ」

　・大垣（岐阜県大垣市）に到着する。これが結びの句である

⑽ 小単元「明治の国づくり」

2枚の資料を比べて学習問題をつくる学習活動
▶学習問題づくりの鉄則を生かして

　歴史単元における学習問題づくりでは、ある2つの事象（ある時のA地点とその後のA地点）のようすを比べ、その違い（ズレ）を生かすことが考えられている。これは時間軸によるズレを生かすもので、両者のズレが大きいほど子どもたちにとって意外性があり、問題意識が高まる。

　この場合の学習問題文には、「どうして（Why）変わったのか」といった「なぜ・どうして型」と、「どのように（How）変わったのか」という「プロセス型」がある。「どうして変わったのか」といった因果関係を追究する学習問題は、歴史学習の経験が少なく、知識が豊富でない子どもにとっては学習のレベルが高くなりがちである。本小単元では「明治になると、世の中はどのように変わっていったのだろうか」という学習問題を想定しておく。

　ここで提示する2つの資料は、江戸時代の末ごろ（1860年ごろ）と、明治時代初めごろ（1880年ごろ）の、いずれも日本橋ふきんのようすである。このあいだはわずか20年である。前者はモノクロだが、後者は色の付いた錦絵である。教科書や資料集などにも掲載されている。

　ここでは、2枚の資料をグループに1枚ずつ配布してグループで共同で作業をさせる。そのためできるだけ大きいほうがよい。

　この2枚の資料をいかにアクティブに読み取らせ、学習問題に導いていくか。以下、その手順を示す。

▶資料を読み取る手順と比較のさせ方

　資料のコピーを配布する（あるいは掲示する）まえに、本時はこれから取り組んでいく学習問題をつくる時間であることを伝え、これが本時のめあてであることを意識させておく。

V　アクティブ・ラーニングによる新しい学習活動──第6学年──　153

① まず、江戸時代の末ごろの日本橋ふきんのようすを表した資料を配る。資料を見る視点（目）を子どもたちに考えさせてもよいが、ここでは教師のほうから提示する。ここでの視点は、建物、乗り物、人のようす、その他とする。4種類の色の付箋を配り、視点ごとに色を決めておく。気づいたことを付箋にメモさせ、書いた付箋を資料に張りつけていく

② 次に、明治時代初めごろの日本橋ふきんのようすの資料を配る。先の資料と同じ視点で資料の絵を読み取らせていく。付箋の数が増えていくことを期待する。江戸時代の末ごろの資料に立ち返って、調べなおしてもよい

③ 調べ終わったら、下記のような枠組みの図表に整理させる。模造紙大がよい。資料に張りつけた付箋を各空欄に移動させる。自由に動かすことができるところに付箋の便利さがある

	江戸時代の末ごろのようす	明治時代初めごろのようす
建　物		
乗り物		
人		
その他		

　完成した図表を見ながら、わずか20年で日本橋ふきんの町のようすが大きく変わったことを確認し、先の学習問題に導いていく。

⑾ 小単元「長く続いた戦争と人々のくらし」

語り部から体験談を聞く学習活動
▶体験談に勝る教材はない

　体を動かして学習することだけがアクティブ・ラーニングではない。一人一人の頭が活性化し、心が揺り動かされていれば、学ぶ体制がアクティブである。人の話を聞くことも言語活動の重要な領域である。ここでは、じっくり聞くことに焦点を当てた学習活動を提案したい。

　戦争を体験した人、戦争中苦しい生活をしいられた人が徐々に少なくなってきた。空襲が激しくなると、都市部から地方への学童疎開が行われたが、そのとき5年生だった子どもはすでに80歳を超えている。

　体験者の話は第1級の教材である。体験談に勝る教材はないともいえる。日本の国内外で戦争を体験した当事者から体験談を聞くことが徐々にできなくなってきている。体験談を後世の人たちに語り継ぐためにも、ぜひ取り入れたい学習活動である。

　地域には自ら語り部を名乗っている人がいる。また歴史資料館などには、その地域の歴史に詳しい人もいる。そうした人たちから、当時のようすについて直接話を聞くことは、そのうちできなくなる。

▶話を聞く環境づくりも大切

　体験談を話してくださる人のなかには話すことに慣れている人もいるが、緊張している人もいる。できるだけリラックスして話してもらえるように、話を聞く場を工夫したい。

　通常の教室の隊形ではなく、机を取り除いて、語り部の方との距離はできるだけ短いほうがよい。表情が見え、空気が伝わってくるからだ。できれば、椅子に腰掛けてもらい、子どもは床に座ったほうがよい。昔、家庭でおばあちゃんから昔話を聞いた格好だ。

　話をしていただく方には、授業者から次のことを事前に伝えておきたい。

・これまで子どもたちは戦争中の世の中や生活について、ある程度の学習

をしてきていること

・当時のもの、例えば写真や道具など実物が1つでもあれば、持ってきていただくこと

・お話のあとに、子どもたちから質問をさせていただくこと

　体験談を聞く場は、郷土資料館が近くにあれば、そこでもよい。資料を間近に見ながら、話を聞くことができるので理解も深まる。

▶**教師はどのような役割を果たすか**

　話を聞くときには、これからの話は「いつごろのことか」「どこでのことか」など、基本となる事柄を明確にしておく。関連する箇所の地図などが用意されているとよい。

　この場にかぎらず、地域の人に協力をえて授業を進めるとき、教師はその人に丸投げしてしまい、子どもと一緒に聞き役に回ってしまうことがある。話を聞きながら、必要に応じて適切に介入し、コーディネートしたい。例えば、子どもたちにとって難解な言葉が出てきたときや、子どもたちに話が伝わっていないと判断したときなどは、教師は言いなおしたり質問したりして補いながら進行していく。

　戦争の体験談を話していくと、体験者はつい感情が高ぶっていくことがある。その人の思いを大切にしながら、冷静に聞くようにする。

　話が終わったら、子どもたちから質問させたい。子どもたちにとって情報が新鮮なだけに、いろんな疑問や不明なことがあるに違いないからである。その後、近くの子ども同士で互いに感想を言い合い、その後に発表し合う場を設ける。もし時間があれば、話していただいた人にお礼の気持ちを込めた「感想文」をまとめるとよい。できれば後日届けたい。

　体験談を聞くことは直接的であるだけにわかりやすいが、その内容はその人のことであり、その人の気持ちである。当時の人すべてがそうであったかどうかはわからない。想像の域を超えない。子どもたちには機会をとらえて、人から話を聞いたときのものの見方や歴史のとらえ方についても伝えておきたい。

⑿ 小単元「戦後の日本」

① 東京オリンピックについて聞き取りする学習活動

▶歴史学習で唯一の調査活動できる場

　戦後の代表的な歴史的事象として「オリンピックの開催」が取り上げられる。学習指導要領には「東京オリンピック」と示されていない。日本で開催されたオリンピックは、1964年（昭和39年）の東京、1972年（昭和47年）の札幌（冬季）、1998年（平成10年）の長野（冬季）の3回ある。そして、2020年には東京オリンピック・パラリンピックが予定されている。オリンピックは話題のある、タイムリーな事象である。

　特に戦後復興のシンボルとして開催された東京オリンピックは、戦後の日本を学ぶ格好の教材である。「わが国の歴史を学ぶ」という特性を踏まえると、実際に聞き取り調査を行うことは難しい。子どもの身近な地域の歴史を学ぶ場ではないからだ。ただ、東京オリンピックの事象だけは例外である。子どもたちが調査活動ができる唯一の場面である。

　筆者は、東京オリンピックを当時テレビやラジオをとおして視聴した。新聞の切り抜きも行った。記念切手や記念硬貨も発行され、収集ブームを巻き起こした。日本国中が1つになり、燃え上がったような印象をいまも覚えている。

　当時高校生だった人はいまや70歳に迫る年代である。これまでの歴史学習は資料を活用した学習が中心であり、当事者から話を聞くなどの調査活動は、ほとんど行われてこなかった。貴重な機会をぜひ活用したい。

▶子どもたちに調べさせたいこと

　ここでは、東京オリンピックそのものについて調べるだけでなく東京オリンピックが開催されたころの社会のようすを調べることに主眼がある。このことを踏まえると、子どもたちには次のことについて調べるよう促したい。

・東京オリンピックに参加した国や地域の数、獲得したメダルの数、オリ

ンピックに関するエピソード（アジアで初めての開催だったこと、聖火ランナーにまつわる話など）

・東京オリンピックが開催されたころ、国内のようすはどのようなようすだったか。東海道新幹線や首都高速道路の開通、電化製品や車の普及など社会での主な出来事など

・当時、国民は東京オリンピックをどのように受けとめていたか。小学生はどのようにかかわったのかなど

東京オリンピックが開催されたころのようすについて、地域の人から聞き取ることには自ら制約があるが、当時を生きた第一人称の思いを聞かせたい。

▶その後のオリンピックに発展させる

前述したように、その後、わが国では2回のオリンピックが開催された。いずれも冬季オリンピックであるが、当時の社会状況はそれぞれ違っていた。札幌オリンピックが開催されたころは、高度経済成長の影の部分として、人命を脅かすさまざまな公害が社会問題化した。また、1968年に小笠原諸島が日本に復帰し、1972年に沖縄が返還された。1972には日本と中国の国交が回復するなど、わが国が国際社会において地位を高めていった時期である。経済的、国際的に一段と発展したことや、公害の発生など社会のひずみが顕在化したことについても考えさせたい。

また、その後、長野オリンピックが開催されたころは、地球温暖化が社会問題化したこともあり、環境問題に対する関心が高まった時期である。その象徴的なこととして、完成した施設が環境に悪い影響を与えるとして、その後つくり変えられた。

2020年には、東京オリンピック・パラリンピックが開催予定である。これからの日本社会は「成熟社会」になると言われている。少子高齢化、高度情報化、グローバル化が一層進行するほか、産業の構造が大きく変わることが予想されている。大きく変化する社会において、東京オリンピック・パラリンピックで外国の人たちをどのように迎えるかを考えさせてもよい。

② 「『日本の歴史』を学んで」の小論文を書く学習活動

▶これまでの歴史学習を振り返る

わが国の歴史についての学習は4月から11月ごろまで実践される。およそ70時間が費やされ、小学校で最も大きな単元である。それだけインパクトのある学習が展開される。これまでどのような歴史的事象が取り上げられてきたのかについては、子どもたちの記憶のなかに残っている。しかし、そこで何を学び取ったのかまでは必ずしも十分な確認がなされないまま今日に至っているかもしれない。

習得した知識が断片的であったり、取り組んだ学習活動への印象が強かったりして、なぜ歴史を学んできたのか。歴史を学ぶ意味についてじっくり考えることはなかったのではないかと思われる。

ここでの学習活動は歴史学習の終末に実施される。これまでの歴史学習を振り返り、「日本の歴史」を学んでわかったことや感じたこと、歴史を学ぶ意味などを考え、その内容を小論文にまとめるものである。

そのためには、4月からどのようなことをどのように学習してきたかを振り返る必要がある。振り返り方には、これまでノートを見返す、学習資料を保存したファイルを見なおす、教科書の目次を見るなどがある。

▶テーマと内容と構成を決める

子どもたちはこれまでに記述したノートなどを見返しながら、これまでの歴史学習の内容や経験を走馬灯のように思い出すに違いない。ある子どもはノートを見ながら、「このノートは、私の歴史学習の歴史だ」と言ったが、まったくその通りだ。

小論文を書くに当たっては、その趣旨を伝えたあと、次のような作業の手順を示す。

---

① これまでの歴史学習で特に印象に残っていることをカードに書き出す。カードは何枚になってもよい。カードには、具体的な場面や時代、なぜ印象に残っているのかについてもメモしておく

② 書き出したカードを内容ごとに仲間分けする。分類の観点は、時代順

や事象ごとなど機械的に設定するより、言いたいことや印象に残っている理由ごとに分類するほうがよいことを伝える

③　仲間分けしたものをそれぞれ一括りにし、それらの順序を考える。これが小論文を構成する基本的な柱立てになる

④　小論文で自分が言いたいこと、訴えたいことは何かを考える。200字程度でまとめておく。これは小論文の「まとめ」で使える

⑤　これまでの作業をとおして、小論文のタイトル（表題）を考える。例えば「歴史から学んだこと・考えたこと」「歴史からこれからの生き方を考える」などが考えられる

⑥　小論文全体の構成を考える。これがプロットを考えることである。国語科で学んだ文章の書き方を生かしたい

例えば次のような構成が基本になる

・前文（問題意識や言いたいことの視点、およその構成など）

・本文（ここでは、2〜4の項立てをする）

・まとめ（ここでは、これからの生き方など、自分が最も言いたいことを述べる。今後取り組みたいことなど課題に触れてもよい）

⑦　原稿用紙などの枚数が定められている場合には、全体のバランスがとれるように、枚数の配分を考える

▶文集「『日本の歴史』を学んで」を作成する

　各自が書いた小論文をみんなが読めるように、文集として完成させるとよい。手書きしたものを印刷機にかけてもよいが、パソコンを利用して打ち込んでもよい。印刷するまえには丁寧な見なおしと校正を繰り返したい。製本すると、立派な文集（冊子）ができ上がる。

　文集は保護者にも読んでもらい、保護者から感想をいただくようにするとよい。保護者がわが子の学習のようすを理解する機会になるだけでなく、感想文を読み合わせると、子どもの励みにもなる。

⒀ 小単元「政治のはたらき」

絵カードを並び替える学習活動
▶住民の願いを実現する政治

　6年の子どもたちに、政治がどのような働きをしているのかを理解させることはけっして容易ではない。そもそも政治の働きとは何かを明らかにしておかなければならない。1つに「住民の願いを実現させるところに政治の働きがある」とする考え方がある。

　ここでは、社会保障にかかわる公共施設を取り上げ、それがどのように建設されたのか。実現されるまでのプロセスを追いながら政治の働きとは何かを考えさせる。

　住民の願いが実現されるまでには、およそ次のような過程がある。ここでは身近な市（区、町、村）の事業を対象にする。

---

① 住民のあいだに施設を建設してほしいという願いがある
② 住民の願いは「要望書」などのかたちで市（区）役所や町（村）役場、市（区、町、村）議会に伝えられる
③ 市（区）役所や町（村）役場では、用地の候補地を決め、施設の設計図（案）をつくったり必要な費用を見積もったりする。県や国とも相談する
④ 作成した計画案を市（区、町、村）議会に提出する
⑤ 建設するかどうか、市民から選挙で選ばれた議員で構成される市（区、町、村）議会で決める。まず委員会で話し合い、決定したら、次に本会議で議決する
⑥ 決定したら、建設に取りかかる。市（区）役所や町（村）役場は建設の状況を見守る
⑦ 公共施設が完成し、住民の願いが実現する

　住民の願いを実現する過程は、国における政治においても基本的に同様である。身近な事例をとおして、子どもたちにとって馴染みの薄い政治に対して少しでも関心をもたせるようにすることを重視したい。

▶絵カードを並び替える

次の6枚の絵カードを用意する。写真でもよい。ここでは1つのサンプルとして述べていく。

①住民の願い	②市役所に伝える場面	③市役所での計画案づくり
④市議会での話し合い	⑤建設の現場	⑥完成した施設で遊ぶ子どもたち

実際の授業では、まず完成した施設で子どもたちが遊んでいるようすの写真⑥を示して、この施設は市がつくったものであることを知らせる。子どもたちが楽しく安全に遊んでいるようすを確認したあと、「この施設は完成するまでに10年もかかりました。なぜ10年もかかったと思いますか」と聞く。子どもたちからいろいろな意見が出されることを期待したい。

C　市に、つくるためのお金がなかったからではないか
C　施設をつくることに反対した人がいたからだと思う
C　子どものための施設をつくるのに反対する人はいないと思う。つくる場所がなかったのではないか

そのうえで、「施設はどのようにつくられたのでしょうか」と問いかける。上記の5枚の絵カードを提示して、完成するまでの順に並べさせる。これはこの時点での予想に当たる。

その後、10年のあいだにどのようなことが行われたのかなどを含めて、施設がどのようにつくられたのかを調べる。市役所の係の人に聞くと効果的である。施設の建設にかかわった町内会の人や住民に苦労話などを聞く方法もある。

調べたあと、絵カードに改めて注目させ、もし必要があれば並べ替えさせる。それぞれの場面に説明文を書かせると、これまでの学習が定着する。

⑭ 小単元「政治のしくみ」

政治に関する新聞記事を集める学習活動
▶政治に対する関心をもたせるために

　若者の政治離れが指摘されている。世の中の動きに目を向け、政治に関心をもたせるために、新聞を活用する取り組みが行われている。子どもたちに朝の会などでは、「昨日の出来事」を報告させている。

　新聞には、政治、経済、社会、文化、スポーツ、暮らしなどさまざまなジャンルの記事が満載されている。外国での出来事も伝えられている。ここでは、「政治のしくみ」の学習と関連づけて、「政治」に関する新聞記事を活用する学習活動を取り入れる。

　国会・内閣・裁判所のそれぞれの働きや仕組みについて学習したあとに、次のような手順で進める。

> ①　1枚の記事（例えば国会での審議状況を伝える記事）を示して、これは「国会」「内閣」「裁判所」のどこのようすを伝えた記事かを考えさせる
> ②　その後、数枚の記事を示して、同じように聞いていく。そして、新聞には、これまで学習した「国会」「内閣」「裁判所」に関する記事が掲載されていることを確認する
> ③　1週間の期間を決めて、政治に関する記事を集める。それらを「国会」「内閣」「裁判所」に分類する。さらに、国会は衆議院と参議院に分けたり、内閣に関してはどこの省や庁の出来事かを判断させたりすることもできる。裁判所についても、家庭、地方、高等、最高の各裁判所のどこに関する記事なのかが読み取れるようにする
> ④　集めた記事は、ノートや模造紙などに整理する。できれば記事を読んで感想などメモさせておくとよい。子どもたちにとって難解な内容もあり、無理じいはしない
> ⑤　まとめたものを学校で発表し合う

　こうした体験や作業をさせることにより、日ごろそれほど関心のなかっ

た政治に対して目を向けるようになる。

▶学習内容と生活との結びつきを意識させたい

　「政治のしくみ」についての学習は、知識が先行し、ややもすると知的な学習になりがちである。しかし、知識としてしっかり習得させておかなければならないことも多い。そのため、穴埋めのワークシートに用語や語句を書き込ませたり、教科書を読み進めたりしていく授業になりがちである。

　その結果、政治に関する学習が単なる知識だけのものになり、生活との結びつきを意識することもなく、他人ごととして受けとめてしまう。このことが現在の若者の政治離れ、投票率の低下傾向を生み出しているとすれば、これまでの授業を改善する余地が大いにある。政治学習においてアクティブな学習が一層求められる背景がここにある。

　新聞の記事を活用することによって、政治を人間が動かしている対象としてとらえるようになる。教科書などで学んだ知識と現実の政治の出来事を結びつけ、政治を少しでも身近にとらえることができるようになる。

▶裁判員制度についての指導

　裁判所の働きに関連して、小学校において「国民の司法参加」、すなわち「裁判員制度」について扱うようになっている。これについては中学校の公民的分野でも触れることになっており、小学校での扱い方が課題になっている。一部に模擬裁判を取り入れる実践もみられるが、小学生には難しい。中学校になってからでもよい。

　ただ、わが国には「国民が裁判員として裁判に参加する制度がある」ことぐらいは伝えておきたい。この制度は「国民の視点や感覚と法曹の専門性とが交流することで刺激し、それぞれの長所が生かされる裁判を目指す」（最高裁判所）としている。

　子どもたちに直接指導することはないにしても、教師が裁判員制度についての知識を身につけておく必要はある。法務省のホームページには「裁判員制度コーナー」があり、裁判員制度を題材にした教材や指導計画、模擬裁判のシナリオなどが紹介されている。ただし、中学校、高等学校向けである。

⒂ 小単元「日本国憲法」

「投票率の低下」について議論する学習活動
▶暮らしと結びつけた理解を目指す

　日本国憲法についての学習では、国民主権、基本的人権の尊重、平和主義の3つの原則が扱われている。そして、基本的人権の尊重に関しては、自由権や平等権、参政権、生存権、教育や裁判を受ける権利、働く権利など、憲法でさまざまな権利が保障されていることが取り上げられる。権利に関連して、国民としての義務を果たさなければならないことにも触れられている。

　ここでは、日本国憲法の条文を単なる言葉として理解するのではなく、それが暮らしのなかでどのように生かされているのか。さらにどのような課題があるのかなど、日本国憲法の役割を生活と結びつけて具体的に理解させることが大切である。

　基本的人権の1つに、国民が政治に参加する権利（参政権）がある。選挙権とも言われている。いまでは小学校の歴史学習で直接扱われていないが、明治以降は、国民の参政権拡大の歴史であったといってもよい。平成28年6月以降には、選挙権を有する年齢が18歳に引き下げられる。これも参政権の拡大現象である。

　こうした選挙権をめぐる社会の動きもあって、選挙に関心をもち、選挙権を行使することの重要性を認識させることが一層重要になっている。ここでは、投票率が低下している傾向を教材に討論させることをとおして、権利を尊重し、正しく行使することの意味について考えさせたい。

▶資料「埼玉県知事選挙投票率の推移」を活用して

　埼玉県では戦後19回の知事選挙が行われた。そのうち、昭和51年のときは無投票であった。投票率の推移は次頁のとおりである。

　第1回昭和22年には71.00％であったが、その後、全体的には減少傾向を示している。前回の平成23年には24.89％と、全国ワースト1になってしまった。平成27年に実施されたときは26.63％とわずかに回復した。そ

Ⅴ　アクティブ・ラーニングによる新しい学習活動──第6学年──　165

れでも低いことは変わらない。

　日本国憲法には、国民の権利として選挙権が保障されているのになぜ行使されていないのか。選挙に行かないのはなぜか。これが子どもたちに議論させたいテーマである。

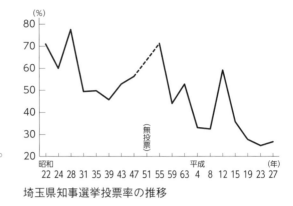

埼玉県知事選挙投票率の推移

　子どもたちからは、自由で闊達な意見が出されることを期待したい。

> C　一番の原因は、選挙に関心がないからではないか。どうせ行かなくても関係がないと思っている人が多いからだ
> C　誰がなっても、代わりばえしないと思っているからではないか
> C　その日に用事があって、行けなかったのかもしれない

　このあとに、周囲の成人を対象に「前回の選挙に行ったか。行かなかったか」、「行かなかったのはどうしてか」など聞き取り調査が始まると、さらに現実を理解する。子どもたちの意識が深まり、面白くなる。

　これまでの実践では「みなさんは大きくなってから選挙に行きますか」と問うことがあるが、これは野暮なこと。「行かない」と答える子どもは一人もいないからだ。むしろ「どうしたら、いまの投票率をあげることができるか」を討論させるほうがよい。善し悪しや実現の可能性は別に、子どもらしい発想が出てくるかもしれない。

> C　投票に行ったら、何か物がもらえるようにしたらよい
> C　行かなかった人には罰を与えると、みんな行くようになると思う
> C　どこからでも投票できるように、ネットや電話でもできるようにする
> C　選挙に行くよう、テレビやネットでもっとPRする
> C　本人の自覚に任せるしかないのではないか

(16) 小単元「日本とつながりの深い国々」

留学生を学校に招いて交流する学習活動
▶異文化を学び、共生の心と態度を育てる

　本小単元の学習では、わが国と経済や文化、歴史等の面でつながり深い国を取り上げ、人々の生活のようすについて調べる。アメリカや中国、韓国、サウジアラビアなどが取り上げられ、子どもはこれらのなかから1か国を選択する。ここでは一人一人による主体的な学習が展開される。

　そのためには、人々の生活の何について調べるかを事前に明らかにしておく。例えば、伝統的な服装や住居、食べ物のほか、子どもの遊びや学校生活のようすなどが考えられる。これらの共通事項のほかに、国によっては、宗教や文化、スポーツについて調べることもできる。

　ここで問題になるのはその調べ方。教科書やその国について書かれた図書が中心になる。帰国児童などその国に行った人や、その国から日本に来ている留学生から話を聞く。また、その国が日本人向けに開設しているホームページを開いて調べる方法もある。

　子どもたちが調べていくと、生活や習慣などさまざまな面で違っているところがあることに気がつく。そこでは、異文化の理解にとどまることなく、それらを互いに尊重し合う共生の心と態度を育てることを目指したい。

▶**留学生との交流活動**

　近年、仕事の関係で多くの外国人が身近な地域に住むようになった。大学などで学ぶ留学生も増えてきた。本小単元の学習では、そうした外国人を学校に招き、交流活動をとおして学習を深めていくことができる。

　その際、次のようなことに配慮するとよい。

- その国の「物」を持参してもらう。日用品でもお土産品でもよい
- できれば、その国の伝統的な服装で来てもらう。靴などの履物や帽子などのかぶり物があるとよい
- 音楽の入ったCDや生活の風景を録画したDVDなどをもとに説明してもらってもよい。音声や映像があると子どもたちのイメージがふくらむ

> ・その国の代表的な郷土料理について、その食材やつくり方、食べ方など
>   の話を聞く。実際につくってもらったり、試食したりできるとよい

　留学生など外国人から話を聞くだけでなく、日本のことや自分たちの生活についても説明するようにする。日本やその外国の祭りでの踊りや子どもの遊びを一緒に楽しむと、交流がさらに深まる。

　複数の国の留学生などを招くことができる場合には、複数のブースを設けて、相互に交流できるようにしておきたい。

▶大使館のホームページにアクセス

　外国の大使館は東京都区内に集中している。外務省のホームページによると、現在日本には153か国の大使館がある。実際に訪ねることができなくても、大使館のホームページにアクセスし、日本語で書かれていれば調べられることもある。不明なことはメールで質問し、答えてもらう方法もある。オーストラリア大使館では、委託協力教育機関を通じて「オーストラリア体験セット」を貸し出している。日本の子どもがオーストラリアについて学び、異文化理解を深めることを目的に豪日交流基金が製作した学校用教材である。オーストラリアの実物がほとんどで、見て、触って、体験できる。

　かつてある小学校に伺ったときのことである。その小学校にはトルコ大使館の子どもが通っていた。それがきっかけで、トルコの人々の生活を取り上げた。トルコ大使館の職員を学校に招き、トルコについて話を聞いた。ある子どもが「トルコの国民は日本のことをどう思っていますか」と質問した。すると「たいへん親密に思っている」という返事が返ってきた。子どもたちは一斉に「どうしてですか」と再度質問した。その職員は「トルコの軍艦エルトゥールル号が和歌山県沖で沈没したとき、近くの人たちは遭難者の救助にあたってくれた。このことにトルコ国民はいまも感謝の気持ちをもっている」と説明してくれた。ところが、1890年に起こったその事実を日本の子どもたちは知らなかったのである。

　相互理解を深めることで、共に生きていこうとする態度が育てられる。

⑴ 小単元「世界の中の日本の役割」

ユニセフの活動をホームページで調べる学習活動
▶「国際連合の働き」を調べるよき教材

「国際連合の働き」について調べさせるとき、ややもすると仕組み図などを使った抽象的な説明になりがちである。ここでのねらいは、国際連合の仕組みを学ばせることではなく、国連という国際的な組織が平和な国際社会の実現に努力していることに気づかせることにある。

そのためには、ユネスコのような、世界中の子どもたちの命と健康を守るために活動している国連の機関を取り上げることが効果的である。ユニセフの本部はアメリカのニューヨークにある。また、ユニセフに対してはユニセフ募金に代表されるように、子どもたちにとって身近に感じている国際機関の1つでもある。

ところが、ユニセフは国際的な組織である国際連合の機関であることを知っている子どもは少ない。また、自分たちがユニセフ募金したお金がどこでどのように使われているのか、ほとんど関心も知識もないと言ってよい。

こうした状況を踏まえ、ここでは身近なユニセフの活動を調べることをとおして、国際連合がどのような働きをしているのかについて考えさせる。

日本では、日本ユニセフ協会がユニセフ本部との協力協定にもとづいて支援活動を行っている。また、北海道ユニセフ協会をはじめ全国25か所に地域組織がある。

▶ユニセフのホームページは話題満載

日本ユニセフ協会のホームページを見ると、ユニセフの活動状況を知ることができる。日本ユニセフ協会は公益財団法人である。

現在は「110万人のネパールの子どもたちに、命を守る支援を」と、ネパール大地震緊急募金を呼びかけている。また、特に開発途上国において紛争や自然災害、エボラ出血熱などで命の危機にさらされている子どもたちを支援し、成果をあげていることも報じている。

具体的には、治療を受けた重度栄養不良の子どもが190万人、届けるこ

とができたワクチンの数は28億、安全な水を飲めるようになった子ども
が2400万人になったことが、2013年の1年間の活動実績として紹介され
ている。

ホームページには、「子どもと先生の広場」がつくられている。ユニセ
フとは何か。ユニセフという呼び名はどこからきたのか。ユニセフは、何
を目指して、何のために活動しているのか。さらに、ユニセフが現在活動
しているところはどこかなど、子どもたちが質問したくなる、基本的なこ
とがわかりやすく解説されている。

ちなみに、ユニセフはつくられた当初は「国際連合国際児童緊急基金」
と言われ、英語で「United Nation International Children's Emergency
Fand」と表記された。各単語の頭文字を並べると「UNICEF」となる。
また、現在、世界の150以上の国と地域で活動しているという。おとなで
も知らないことが書かれている。

これらの資料を活用して、国際連合の機関の1つであるユニセフについ
て学ぶことができる。

なお、ユニセフとユネスコ（UNESCO、国連教育科学文化機関）を混
同している子どももいる。明確に区別させたい。

▶子どもによる募金活動につなげることも

子どもたちの多くは、これまでにもユニセフ募金に参加している。子ど
もたちのこれまでの意識はどちらかと言えば「募金ありき」ではなかった
かと思われる。なぜ募金をするのか。募金したお金がどのように使われて
いるのかなど、ほとんど考えないままに募金を呼びかけたり、募金に参加
したりしていたといってよい。

これからは、ここでの学習を生かして、全校に呼びかけるポスターやチ
ラシの内容を工夫して作成し、募金活動に取り組むようになるのではない
か。学習をとおして習得した知識がその後の学校生活に生かされることは
素晴らしいことである。卒業間近の子どもたちにとって長く思い出に残る
授業にしたい。

（北　俊夫）

あ と が き

2014年2月に北俊夫先生と二人で『新・社会科授業研究の進め方ハンドブック』という本を出版した。大まかな担当だけ決めて、それぞれのタッチで内容を書き進めた。

必ずしも書き方が統一されているわけではないが、二人の個性が出て面白い本だと読者からの言葉をいただいた。おかげさまで再版になった。

北先生と、2015年3月に島根県隠岐諸島を巡る3泊4日の小旅行に出かけた。島根大学名誉教授の有馬毅一郎先生の案内で島内各地の学校や旧跡を回り、竹島についても多くのことを学んだ。ともに時間を過ごすと、二人とも社会科教師の目で事物や事象を見ていると実感する。自ら課題を発見し、その課題を解決しようとする。旅行そのものがアクティブ・ラーニングなのである。そして、いつも笑いが絶えない。

北俊夫先生と初めて会ったのは、1979年である。北先生が32歳、私が29歳の夏だった。1983年に東京で開催する全国小学校社会研究会の東京大会の準備のための研究会であった。活動を共にして、素晴らしい実践と詳細な実践記録に圧倒された。その出会いから36年間が経過している。その後の人生でたくさんの力量のある教師に出会ってきたが、当時の北先生のような迫力のある実践をする若手教師はまだ見たことがない。

北先生には、それ以来さまざまな場でお世話になった。北先生が文科省の教科調査官時代、私は東京都教育委員会で社会科担当指導主事だった。全国各県の社会科担当指導主事が東京に集まる研究集会では、地元としてお世話役を担当した。その後、私が、校長として2校での社会科研究発表会を開催した時には、授業研究会の講師やパネルディスカッションのパネラーを引き受けていただいた。また、全国各地を共に巡検したり、学校の校内研究会でご一緒したりして今日に至っている。

今春、樋口雅子編集長から、また共著を書かないかと誘いがあった。

何回かのメールのやり取りで内容とプロットを決めた。あとの具体的な執筆の仕方はそれぞれの自由である。したがって、私の担当した箇所は読みに

くいこともあるかもしれない。

　これまで多くの学校や地区の研究会で、社会科の授業を参観してきた。どの学校でも地区研究会でも、熱心に社会科の実践をしている。しかし、子どもが課題を発見し、主体的・協働的に追究する社会科学習は、まだ十分とは言い難い。

　アクティブ・ラーニング型社会科を展開するためには、子どもたちの課題発見力を育てる必要性がある。また、子どもたちの主体的な学習に耐える教材を準備しなければならない。

　本書では、アクティブ・ラーニング型社会科について3学年〜6学年までの全単元の内容を取り上げた。また、アクティブ・ラーニング学習の背景ともなっている社会の変化の一断面をも取り上げた。読者の方には、興味を持つ項目を読んで、社会科授業づくりのヒントにしていただければ幸いである。

　子どもたちが、社会人として生きるこれからの社会は、国内外ともに急激な変化が予想される。これまでになく、社会科教育の役割は大きくなる。本書がいくらかでも社会科教師としていい授業をしたいと願う方々のお役にたてれば幸いである。

　結びに、本書をまとめるに当たり、北俊夫先生、学芸みらい社の青木誠一郎社長、樋口雅子編集長に大変お世話になった、心より感謝申し上げる。

平成27年10月

　　　　　　　　　　　　　　　　　　　　向　山　行　雄

〈著者紹介〉

北　俊夫（きた　としお）

東京都公立小学校教員、東京都教育委員会指導主事、文部省（現文部科学省）初等中等教育局教科調査官、岐阜大学教授を経て、現在国士舘大学教授。近著に『"知識の構造図"を生かす問題解決的な授業づくり』『社会科学力をつくる"知識の構造図"』『新・社会科授業研究の進め方ハンドブック』（明治図書出版）、『こんなときどうする！学級担任の危機対応マニュアル』『言語活動は授業をどう変えるか』『なぜ子どもに社会科を学ばせるのか』（文溪堂）、『今こそ知りたい！食育の授業づくり』（健学社）など。

向山行雄（むこうやま　ゆきお）

1950年東京生まれ。東京都公立小学校教員、東京都教育委員会指導主事、品川区教育委員会指導課長、中央区立泰明小学校長等を経て、現在帝京大学教職大学院教授、元全国連合小学校長会会長、東京都公立小学校長会会長、前中央教育審議会初等中等教育分科会委員。[著書]『新・社会科授業研究の進め方ハンドブック』（2014）、『平成の学校づくり』（2013）、『平成の校長学—学校バッシングとどう向き合うか』（2009）、『ミドル教師—ニューリーダーとしての自己啓発ノート』（2007）、『平成の校長学』（2003）等多数。

アクティブ・ラーニングでつくる 新しい社会科授業
●ニュー学習活動・全単元一覧

2016年 2 月25日　初版発行
2016年11月20日　第 2 版発行

著　者　北俊夫・向山行雄
発行者　小島直人
発行所　株式会社 学芸みらい社
　　　　〒162-0833 東京都新宿区箪笥町31 箪笥町SKビル
　　　　電話番号 03-5227-1266
　　　　http://www.gakugeimirai.jp/
　　　　e-mail : info@gakugeimirai.jp

印刷所・製本所　藤原印刷株式会社
装丁デザイン・DTP組版　星島正明

落丁・乱丁本は弊社宛にお送りください。送料弊社負担でお取り替えいたします。

©Toshio Kita / Yukio Mukouyama 2016　Printed in Japan
ISBN978-4-908637-08-7 C3037